In den letzten zwanzig Jahren hat Karen Kingston die westliche Anwendung von Feng Shui international gelehrt. Sie ist in England geboren und aufgewachsen, lebt seit 1990 sechs Monate in jedem Jahr auf Bali und veranstaltet in den übrigen sechs Monaten Workshops in vielen Ländern der Erde.

Karen Kingston

Feng Shui
gegen das Gerümpel des Alltags

Richtig ausmisten.
Gerümpelfrei bleiben

Deutsch von Sabine Schilasky

Rowohlt Taschenbuch Verlag

Die Originalausgabe erschien 1998
bei Judy Piatkus (Publishers) Limited, London,
unter dem Titel «Clear Your Clutter With Feng Shui».

Sonderausgabe Februar 2012

Deutsche Erstausgabe
Veröffentlicht im Rowohlt Taschenbuch Verlag,
Reinbek bei Hamburg, November 2009

Umschlaggestaltung ZERO Werbeagentur, München
(Umschlagabbildung: Trinette Reed/Getty Images)
Satz Joanna PostScript (InDesign)
bei KCS GmbH, Buchholz bei Hamburg
Druck und Bindung GGP Media GmbH, Pößneck
Printed in Germany
ISBN 978 3 499 62826 9

FSC www.fsc.org
MIX
Papier aus verantwortungsvollen Quellen
FSC® C014496

Das für dieses Buch verwendete FSC®-zertifizierte Papier *Holmen Book Cream* liefert Holmen, Schweden.

Dieses Buch versteht sich als Ratgeber, nicht als Anleitung zur Diagnose und/oder Behandlung körperlicher oder seelischer Beschwerden. Leser, die solche Anleitungen suchen, wenden sich besser an einen professionellen Therapeuten.

Inhalt

Anhang

Über die Autorin

Karen Kingston gilt als weltweit führende Expertin in Sachen Space Clearing – der Feng-Shui-Kunst des Reinigens und Klärens von Energieflüssen in Gebäuden. Ihre Bücher beruhen auf dem, was sie in Workshops und Seminaren lehrt.

Als ihr Buch «Feng Shui gegen das Gerümpel des Alltags» 1998 erstmals erschien, wurde es umgehend zu einem internationalen Bestseller, der inzwischen in alle führenden Sprachen übersetzt wurde. Es ist heute ein Klassiker auf dem Gebiet und hat nicht bloß Dutzende ähnlicher Bücher inspiriert, sondern auch Zehntausende von Artikeln und Blogs sowie eine Reihe von Fernseh- und Radiosendungen in zahlreichen Ländern, die sich dem Thema «Entrümpeln» widmen.

Seit 1990 lebt Karen Kingston, gebürtige Engländerin, auf Bali. Von dort aus reist sie überall herum, um Workshops zu veranstalten oder Space Clearings, Entrümpelungen und Feng-Shui-Beratungen durchzuführen. Auf Bali hat sie ein Hotel und ein Tagungszentrum gebaut, die ganz nach den universellen und balinesischen Feng-Shui-Regeln entworfen wurden. Beides betreibt sie gemeinsam mit ihrem australischen Ehemann Richard, der ebenfalls Space-Clearing-Lehrer und -Berater ist.

Einleitung

Nachdem 1996 mein Buch «Heilige Orte erschaffen mit Feng Shui» erschien, trafen bald die ersten Briefe ein, in denen mir Leser beschrieben, wie viel Spaß ihnen die Lektüre gemacht hätte und welche großartigen Resultate sie anhand der Informationen erzielen konnten. Die meisten Reaktionen – Briefe, Faxe, Anrufe und E-Mails – erhielt ich zu dem Kapitel «Aufräumen». Wie es scheint, hat jeder Gerümpel zu beseitigen!

Folglich ergab sich die Idee von selbst, ein ganzes Buch zu dem Thema zu schreiben, ebenso wie mein Verleger und ich naturgemäß beschlossen, es möglichst kurz und übersichtlich zu halten. Schließlich sollte der Gerümpelquotient durch die Anschaffung nicht unnötig steigen!

In dieser Ausgabe sind einige Punkte näher ausgeführt worden, andere aktualisiert. Außerdem gibt es neue Abschnitte sowie ein ganz neues Kapitel über eine der heikelsten Gerümpelarten, mit denen wir heute konfrontiert sind: das Zeitgerümpel.

VIEL SPASS BEIM AUSMISTEN!

Karen Kingston
Bali, 2008

Teil 1 **Was ist Gerümpel?**

1 Feng *was*?

Ich bin einmal einer Frau begegnet, die ihre Weltreise mit kaum mehr als einem Ticket zu ihrem ersten Reiseziel in der Tasche antrat. Allerdings verfügte sie über eine außergewöhnliche Fähigkeit: Sie konnte aus der Hand lesen. Und egal, wo sie hinkam, sie fand stets einen Platz zum Schlafen und etwas zu essen, indem sie sich ein Restaurant oder Hotel aussuchte, den Manager ansprach und ihm anbot, seinen Gästen gegen Essen, Unterkunft oder ein kleines Salär aus der Hand zu lesen. Als ich sie kennenlernte, war sie schon seit drei Jahren unterwegs, hatte über ein Dutzend Länder gesehen und fühlte sich großartig.

Ich habe herausgefunden, dass Feng Shui bei den Menschen die gleiche Faszination hervorruft. Entdecken sie erst einmal, welchen Einfluss, positiven wie negativen, ihr Zuhause auf sie hat, sind sie gemeinhin ganz fasziniert und wollen unbedingt mehr erfahren.

Feng Shui

Die zunehmende Beliebtheit des Feng Shui bleibt dennoch verblüffend. Ich habe meine Leidenschaft für die Arbeit mit Energieflüssen in Gebäuden erstmals in den späten 1970ern entdeckt. Bis 1993 hatte ich mir hinreichend Wissen und Fertigkeiten angeeignet, um selbst Feng Shui zu lehren. Wenn mich jemand fragte, womit ich meinen Lebensunterhalt verdiente, war die gängige Reaktion auf meine Antwort: «Feng *was*?» Heutzutage nicken sie normalerweise wissend, und die Unterhaltung geht weiter. So gut wie jeder hat inzwischen von Feng Shui zumindest gehört.

Feng Shui ist die Kunst, den natürlichen Energiefluss in unserer Umgebung auszugleichen und zu harmonisieren, damit er sich positiv auf unser Leben auswirkt. Unsere Vorfahren wussten bereits um die natürlichen Energieflüsse und deren Wirkung, und in manchen Kulturen hat sich ihr Wissen bis heute gehalten. Auf Bali zum Beispiel, wo ich inzwischen schon über ein Drittel meines Lebens verbracht habe, leben die Menschen nach wie vor in vollkommener Harmonie mit der sichtbaren physischen Welt und der unsichtbaren energetischen. Täglich opfern sie an den Hunderttausenden Hausschreinen im ganzen Land und halten fortwährend wunderschöne, sehr ausgefeilte Zeremonien in den zwanzigtausend Tempeln der Insel ab, die einzig der Wahrung von Gleichgewicht und Harmonie dienen. Für mich ist das Feng Shui in Reinkultur: nicht bloß ein paar Grundregeln, die zu einem bestimmten Zweck bei einzelnen Gebäuden angewandt werden, sondern eine ganze Insel, drei Millionen Menschen, die im Einklang mit dem heiligen Land leben und Feng Shui als Lebensform betreiben.

Mein Feng-Shui-Ansatz

Mein eigener Ansatz beim Feng Shui unterscheidet sich wesentlich von dem anderer, weil ich direkt mit der Energie jedes einzelnen Raumes arbeite. Meine Fähigkeit, Energie zu sehen, zu hören, zu riechen, zu schmecken und zu fühlen, ist mittlerweile hoch entwickelt, weshalb ich jede Beratung damit beginne, die betreffenden Räume einmal vollständig abzuschreiten und die Energie mit meinen Händen zu lesen. Die Geschichte von Räumen ist in Form von versteckten ätherischen und astralen Abdrücken in Wände und Möbel eingegraben. Indem ich sie lese und deute, kann ich alles entdecken, was dort je geschehen ist und einen Eindruck hinterließ. Traumatische oder sich wiederholende Ereignisse graben sich besonders tief in Räume ein und wirken sich folglich auch am stärksten auf die gegenwärtigen Bewohner aus. Beim Abschreiten kann ich außerdem Bereiche erkennen, in denen die Gebäudeenergie stagniert, und sehe, was zu tun ist, damit ihr Fluss verbessert wird.

Wo immer ich auf ein Durcheinander, auf Gerümpel eben, stoße, ist das Energiefeld unverkennbar. Gerümpel behindert den Energiefluss und fühlt sich unangenehm, klebrig, schmutzig an, als würde ich mit den Händen durch ein unsichtbares Spinnennetz greifen. Das brachte mich überhaupt erst auf den Gedanken, dass überflüssiger Kram den Leuten Probleme beschert. Zudem hat Gerümpel einen unverkennbar muffigen, durchdringenden Geruch, den ich sofort wahrnehme, wenn ich zu jemandem ins Haus komme, selbst wenn das Gerümpel irgendwo versteckt ist. Wenn ich mich einstimme, kann ich es auch in der Aura eines Menschen riechen, sobald er mir nahe genug kommt, denn der Geruch setzt sich im Energiefeld fest. Aber keine Sorge, falls Sie mir je persönlich begegnen: Es gibt so viel Gerümpel auf der Welt, dass ich mich nicht ständig darauf einstimme!

Das Schöne ist, dass der Geruch rasch verschwindet, hat man erst einmal das Gerümpel, die ungesunde, stagnierende Energie, beseitigt.

Die Feng-Shui-Bagua

Einer der interessantesten Aspekte des Feng Shui, dem ich mich in diesem Buch hauptsächlich zuwende, ist das «Bagua»-Raster des Feng Shui. (Im achten Kapitel finden Sie ein Diagramm sowie weitere Informationen.) Mittels des Rasters können wir erkennen, welche Aspekte unseres Lebens wo im Gebäude zu finden sind.

Beispielsweise gibt es in Ihrem Zuhause einen Bereich, der mit Wohlstand zu tun hat (wie Sie ihn finden, sage ich Ihnen später). Viele Leute lesen über Feng Shui oder besuchen einen Workshop, sind Feuer und Flamme und rennen los, um alles umzusetzen, was sie gelernt haben. Dabei übersehen sie, dass sie zuerst ihr Gerümpel fortschaffen müssen. Sie hören, dass sie einen Spiegel in ihrer Wohlstandsecke aufhängen können, um größeren Reichtum anzuziehen. Und wenn dieser Bereich gerade mit Gerümpel verstellt ist? Nun, leider werden sich in dem Fall die finanziellen Probleme eher verdoppeln als in Wohlgefallen auflösen.

Das vorliegende Buch widmet sich einzig dem einen Aspekt des Feng Shui – nämlich Gerümpel zu beseitigen –, der die Grundlage bildet, will man die Lehre erfolgreich anwenden. Weil es das erste ist, das sich eingehend mit dem Thema befasst, eignet es sich sowohl für diejenigen, die sich neu mit Feng Shui beschäftigen, als auch für alle, die es bereits eine Weile studieren.

Zwar gehe ich in erster Linie darauf ein, wie Sie die Informationen auf Ihr Zuhause anwenden, aber Sie können sie natürlich ebenso wirksam an Ihrem Arbeitsplatz und in jedem anderen Gebäude einsetzen, in dem Sie sich aufhalten.

Space Clearing

Space Clearing ist die Bezeichnung für jenen Zweig des Feng Shui, den ich als Erste erschlossen habe und durch den ich sehr bekannt wurde. Er steht für die Kunst des Klärens und Segnens von Energien in Gebäuden. Hiervon handelte vor allem mein erstes Buch «Heilige Orte erschaffen mit Feng Shui».

Damit Ihr Leben gut verläuft, brauchen Sie einen guten Lebensenergiefluss – oder *Chi* – in Ihrem Zuhause wie an Ihrem Arbeitsplatz. Feng Shui lehrt viele Methoden, den Energiefluss zu verbessern, und Space Clearing dürfte eine der wirksamsten sein. Es ist eine ganz einfache, zugleich machtvolle Zeremonie, mit der blockierte Energien wieder in Fluss gebracht werden. Sie stauen sich im Laufe der Zeit oft in Gebäuden auf und geben uns das Gefühl, in unserem Leben festzustecken. Die Erfolge des Space Clearing sind beeindruckend, weshalb viele Leute es in ihre regelmäßigen Reinigungs- und Instandhaltungsprogramme aufnehmen, damit ihre Räume nicht nur äußerlich sauber und ordentlich sind, sondern auch energetisch. Das kommt allen Gebäuden zugute, egal, wie gut sie entworfen sein mögen, und Feng Shui wirkt besser und schneller, wenn es in Kombination mit Space Clearing angewandt wird.

Space Clearing zielt auf drei Hauptursachen für gestaute Energie:

- physischer Schmutz
- Vorgängerenergie
- Gerümpel

Physischer Schmutz: Hiermit meine ich alle Arten von Schmutz, Staub und Dreck. Niedrige Energien sammeln sich stets um Schmutz, daher auch das alte Sprichwort «Sauberkeit kommt gleich nach Gottesfurcht». Eine gründliche Reinigung ist wesentlicher Teil des Space Clearing.

Vorgängerenergie: Alles, was in einem Gebäude vor sich geht, merken sich die Wände, Böden und Objekte im Raum. Geschehnisse bilden so etwas wie Staubschichten, nur sehen wir sie nicht. Aber sie wirken tiefgreifend auf uns ein. Ziehen Sie beispielsweise in ein Haus, in dem die früheren Bewohner eine glückliche Ehe führten, ist es sehr wahrscheinlich, dass Sie dort auch eine harmonische Zweisamkeit erfahren. Waren die vorherigen Bewohner hingegen unglücklich, wurden geschieden, erkrankten, gingen pleite, nahmen zu oder wurde deren Leben durch ein anderes Ereignis getrübt, bleiben solche Energien im Gebäude und sorgen gewöhnlich dafür, dass sich das Geschehene wiederholt. Solche bleibenden Frequenzen schaffen Energiestaus, die Sie ganz gewiss beseitigen wollen.

Gerümpel: Alle Arten von Durcheinander oder Gerümpel behindern den freien Energiefluss in Räumen. Und das wiederum führt zu Stagnation und/oder Konfusion im Leben der Bewohner.

Während sich Vorgängerenergie binnen weniger Stunden durch ein Space Clearing klären lassen, brauchen manche eine ganze Weile länger, um physischen Schmutz und Gerümpel zu klären. Oft höre ich von Lesern, die recht zügig die Anfangskapitel meines ersten Buches lasen, bis sie zum Gerümpelkapitel kamen. Dort blieb das Lesezeichen für sechs Monate oder länger stecken, ehe sie alles erledigt hatten und weiterlesen konnten.

Hier sind ein paar typische Auszüge aus Leserzuschriften:

«Ich habe jetzt das meiste Gerümpel weggeschafft und bin so weit, die Space-Clearing-Zeremonie zu machen. Ich habe das Gefühl, dass ich im letzten halben Jahr nicht bloß sämtliche Schränke bei mir zu Hause durchsortiert habe, sondern auch sämtliche Bereiche meines Lebens. Schon jetzt fühle ich mich so gesund und glücklich wie seit Jahren nicht mehr.»

«Ich habe das Gerümpelkapitel in Ihrem Buch gelesen, bin inzwischen bei meinem vierzehnten Müllsack und immer noch voll dabei. Mein Mann kommt aus dem Staunen gar nicht mehr heraus, denn er wünscht sich seit Jahren, dass wir endlich einmal ausmisten.»

«Als ich meinen Aktenschrank aufgeräumt habe, fand ich Aktien, die heute 4000 Dollar wert sind! Ihr Buch hat sich wahrlich bezahlt gemacht.»

Im nächsten Kapitel wird ausführlicher erklärt, warum das meiste Ihres entzückenden Sammelsuriums eher ein Hindernis in Ihrem Leben darstellt als eine Unterstützung.

2 Das Gerümpelproblem

Bei meinen Beratungen zu Feng Shui, Space Clearing und Gerümpelklären komme ich in viele Häuser und stochere dort in Winkeln herum, in die mich die Leute unter anderen Umständen wohl niemals hineinließen. Diesem ungewöhnlichen (und bisweilen zweifelhaften!) Privileg zufolge konnte ich im Laufe der Jahre deutlich erkennen, welche Probleme Gerümpel verursacht.

Gerümpel und Feng Shui

Zunächst einmal sollte man sich bewusst machen, dass Gerümpel ausmisten zu den grundlegenden Voraussetzungen des Feng Shui gehört. Bevor dieses Buch erstmals 1998 erschien, hatten andere Feng-Shui-Werke sich nur nebenher oder gar nicht mit dem Thema auseinandergesetzt. Das mag daran liegen, dass die Autoren unterstellten, ihre Leser hätten sich des Problems bereits angenommen – was in den allerwenigsten Fällen zutraf. Zum Glück enthalten alle lesenswerten Feng-Shui-Bücher heute einen Abschnitt zum Thema und messen ihm die nötige Bedeutung bei.

Ich betrachte Gerümpel ausmisten nicht als vom Feng Shui losgelösten Prozess. Vielmehr bin ich zu der Erkenntnis gelangt, dass es der wichtigste Umwandlungsaspekt überhaupt ist. Ohne seine Berücksichtigung sind Feng-Shui-Behandlungen oder -Maßnahmen zumeist wenig bis gar nicht effektiv.

Falls Sie schon seit Jahren Feng Shui anwenden, ohne davon gewusst zu haben, werden Sie begeistert sein, welchen Energieschub Ihnen das Gerümpelklären beschert. Und sollten Sie sich bisher noch gar nicht weiter mit Feng Shui beschäftigt haben, dürfte es Sie angenehm überraschen, wie greifbar die Kunst für Sie wird, haben Sie einmal die ersten und wichtigsten Schritte in Angriff genommen.

Gerümpel ist blockierte Energie

Das englische Wort «clutter» (Durcheinander, Krempel, Gerümpel) leitet sich vom mittelenglischen «clotter» ab, was «gerinnen» heißt – und viel gestockter kann es wohl kaum mehr werden.

Gerümpel sammelt sich, wenn Energie stagniert, und umgekehrt stagniert Energie, wo sich Gerümpel sammelt. Also beginnt die Unordnung als Symptom für das, was in Ihrem Leben geschieht, und wird Teil des Problems. Denn je mehr Sie ansammeln, umso mehr stagnierende Energie wird dadurch gebunden.

Sie wissen selbst, wie es ist. Sie gehen eine Straße entlang und sehen, dass jemand achtlos eine leere Zigarettenschachtel in eine Ecke geworfen hat. Kommen Sie am nächsten Tag an derselben Stelle vorbei, hat sich zur leeren Zigarettenschachtel noch weiterer Abfall hinzugesellt. Über kurz oder lang wird die Ecke zu einer wahren Müllhalde. Dort sammelt sich das Gerümpel ebenso wie bei Ihnen zu Hause. Es fängt mit wenig an, dann wächst und wächst es langsam – parallel zur stagnierenden Energie, die sich wiederum wie eine Bremse auf Ihr Leben auswirkt.

Wenn Sie Ihr Leben nach Abschluss einer bestimmten Phase wieder neu in Gang bringen, werden Sie instinktiv das Gerümpel aus dem Haus schaffen und neu anfangen wollen. Das kommt Ihnen ganz selbstverständlich vor. Eine Herangehensweise ans Gerümpelbeseitigen ist folglich die, dass wir uns selbst verändern und irgendwann nicht länger ertragen, mit dem Durcheinander um uns herum zu leben. Es gibt viele Bücher und Kurse, die Selbstverwirklichung lehren (und ich rate Ihnen, sich damit zu beschäftigen), aber auch mit denen kann es eine Weile dauern, bis Sie sich so inspiriert fühlen, Ihr Umfeld zu entrümpeln.

Was ich in diesem Buch darlege, ist ein neuer Ansatz: Ordnen Sie Ihr Leben, indem Sie Ihr Gerümpel ausmisten, und Sie erreichen eine ganz neue Lebensenergie. Ich möchte Ihnen etwas Praktisches, Greifbares vermitteln, mit dem Sie sich selbst aktiv helfen können.

Festgefahrene Energie lässt sich sehr schwer bewegen

Deshalb ist es so leicht, Ihr Gerümpel einfach dort zu lassen, wo es ist. Sie müssen schon einige ziemlich gute Gründe haben, um sich aufzuraffen und etwas dagegen zu unternehmen. Mit denen beschäftigt sich das nächste Kapitel.

3 Was Aufräumen bringt

Jeder Aspekt Ihres Lebens ist energetisch in Ihrem Lebensraum verankert. Daher kann Gerümpel ausmisten Ihre gesamte Existenz umkrempeln.

Reinigen Sie Ihr Leben

In den 1980ern habe ich sehr erfolgreich Rebirthing in London praktiziert, eine Methode, durch Atmung innere Blockaden zu lösen. Es war schon immer eine meiner Stärken, Leuten zu helfen, sich selbst zu helfen. Und so fing ich an, einigen meiner Klienten, die in ihrem Leben besonders schlimm feststeckten, Aufräumen als «Extra-Hausaufgabe» zu geben. Es gelang ihnen tatsächlich, einiges an sich viel besser in Ordnung zu bringen, indem sie ihre Sachen ordneten. Bei besonders hartnäckigen Fällen kündigte ich einfach am Ende einer Sitzung an, sie in der nächsten Woche bei sich zu Hause zu behandeln, nicht bei mir. Ich glaube, ihnen musste nur klar werden, wie anders sich ihr Heim anfühlte als meines, und schon wurden sie aus lauter Scham aktiv.

Eine Patientin, die ich über einen längeren Zeitraum behandelte, war eine junge Frau, die über Jahre heroinabhängig gewesen war. Nachdem sie ein paar Rückfälle hatte, wurde mir klar, dass ich mich auf eine strengere Herangehensweise verlegen musste. Ich weigerte mich, mit ihr zu arbeiten, sofern wir nicht eine Sitzung bei ihr zu Hause machten und sie ihren Willen demonstrierte, indem sie ihre

Wohnung für eine Rebirthing-Sitzung in Schuss brachte. Das war ausgesprochen hart für sie. Ihr Selbstwertgefühl war mittlerweile derart niedrig, dass sie in totaler Verwahrlosung lebte. Aber sie machte sich mit Elan ans Werk, und mehrere Wochen später lud sie mich stolz in ihre Wohnung ein. Es war offensichtlich, was sie dort geleistet hatte, ebenso wie ihre eigene Veränderung während der Zeit unübersehbar war. In den nächsten Sitzungen schaffte sie tiefgreifende Durchbrüche.

Jahre später lief ich ihr zufällig über den Weg und erkannte sie gar nicht wieder. Sie hatte sich in eine strahlende Schönheit verwandelt, voller Glück und Lebensfreude, und sie war in dem Beruf erfolgreich, den sie sich immer erträumt hatte. Für sie begann der Wandel mit jenen Sitzungen, und wie sie mir erzählte, hatte sie seitdem nie wieder Heroin angefasst oder sich nach den alten Zeiten zurückgesehnt. Indem sie ihr Gerümpel beseitigte, hatte sie ihr Leben ins Reine gebracht.

Sie und Ihr Zuhause

Der Grund, weshalb Gerümpel entfernen so wirksam ist, liegt darin, dass mit dem Ordnen der Außenwelt entsprechende Prozesse in unserem Innern ablaufen. Alles um Sie herum, vor allem Ihre häusliche Umgebung, spiegelt Ihr Inneres. Indem Sie also Ihr Heim verändern, verändern Sie auch die Möglichkeiten in Ihrem Leben. Wenn die Hindernisse des harmonischen Energieflusses in Ihrer Umgebung beseitigt sind, kehrt mehr Harmonie in Ihr Leben ein, denn es wird Platz für wunderbare neue Möglichkeiten geschaffen.

Eine Frau ließ sich von einem meiner Workshops so sehr inspirieren, dass sie nach Hause fuhr, den Laden einer Wohltätigkeitsorganisation anrief und ihnen sagte: «Sie müssen mir einen Lkw schicken.» Sie sortierte sämtliche Kleidung bis auf fünf Teile aus, trennte sich von ihrer uralten Stereoanlage und von Bergen an Gerümpel. Dadurch befreite sie gigantische Mengen blockierter Energie, die prompt Raum für Neues schufen. Eine Woche später hatte sie einen Scheck über fünftausend Pfund von ihrer Mutter in der Post. Sie ging gleich los und kaufte sich eine komplette neue Garderobe, eine neue Musikanlage und alles andere, was sie wollte.

Wie sie mir erzählte, kam der Scheck vollkommen unerwartet, denn zuletzt hatte ihre Mutter ihr vor zehn Jahren Geld geschickt. Zwar empfehle ich nicht, dass es jeder so macht, aber für diese Frau hat es eindeutig funktioniert.

Eine Lehrerin, die mein Buch gelesen und daraufhin gründlichst aufgeräumt hatte, schrieb mir folgenden Brief:

«Fünf Monate nach dem Tod meiner Mutter brauchte ich dringend etwas, das mir half, den Kopf über Wasser zu halten. Ich nahm mir Ihr Buch vor ... und war TOTAL energiegeladen und begeistert. Ich habe Gerümpel weggeräumt, das sich seit über zwanzig Jahren angesammelt und Staub angesetzt hatte! Säckeweise wurde Kram rausgeschmissen und nochmal so viel steht für die Wohlfahrt bereit. In dem einen Monat, in dem ich aufgeräumt und geputzt habe, bekam ich unerwartet einen Scheck über 5000 Dollar, erfuhr von einer Erbschaft in Höhe von 3000 Dollar, fand Geschenkkarten und Gutscheine im Wert von über 400 Dollar, erfuhr von einer Gehaltserhöhung und sammelte Münzen im Wert von 75 Dollar. Die zusätzlichen Einkünfte sind phantastisch, aber noch besser ist, dass ich mich endlich energie-

geladen fühle und nicht mehr komplett erdrückt. Ich fühle mich wohl in meinem Zuhause. Ich lese über Feng Shui und wende die Regeln bei mir zu Hause wie auch in meinem Klassenzimmer an. Danke, dass Sie mich darauf gebracht haben!»

Eine andere Leserin schrieb mir:

«Ich habe Ihr Buch gelesen … und inzwischen das meiste Gerümpel beseitigt. Jetzt würde ich gern ein vollständiges Space Clearing machen. Seit ich vor zwei Wochen mit dem Aufräumen anfing, habe ich drei kleine Gewinne gemacht – zwei im Lotto und einen in einer Tombola. Da ich selten überhaupt etwas gewinne, kann das wohl kaum Zufall sein!»

Solche und ähnliche Briefe erhalte ich täglich, und sie brachten mich auf die Idee, dieses Buch zu schreiben. Selbstverständlich kann nicht jeder, der sich von Gerümpel befreit, gleich mit einem Geldregen rechnen. Die Beispiele sollten lediglich veranschaulichen, wie greifbar die Ergebnisse sein können.

4 Was genau ist Gerümpel?

Gemäß dem Duden ist Gerümpel «Krimskams, Trödel, Zeug», sprich: eine unordentliche Anhäufung von Gegenständen. Das trifft auch zu, nur dass ich den Ausdruck nicht aufs Gegenständliche beschränke.

Meiner Definition nach gibt es vier Kategorien von Gerümpel:

- Dinge, die man weder benutzt noch mag
- Dinge, die unordentlich oder schlecht organisiert sind
- Zu viele Dinge auf zu wenig Raum
- Alles Unfertige

Sehen wir uns jede dieser Kategorien an, damit Sie sich beim weiteren Lesen darüber im Klaren sind, worauf Sie sich beim Gerümpelklären konzentrieren sollten.

Dinge, die man weder benutzt noch mag

Dinge, die gemocht, benutzt und geschätzt werden, haben starke, lebendige, fröhliche Energien, die es der Raumenergie erlauben, durch sie hindurch und um sie herum zu fließen. Wenn Sie Ihr Leben klar ausrichten und sich mit Dingen umgeben, die von dieser herrlich frei fließenden Energie erfüllt sind, führen Sie auch ein entsprechend glückliches, freudenreiches, frei fließendes Leben. Im Gegensatz dazu wird alles, was vernachlässigt, vergessen, unerwünscht, ungemocht oder unbenutzt ist, die Energie in Ihrem Heim verlangsamen und blockieren, und dann haben Sie das Gefühl, Ihr Leben würde stillstehen.

Feine Energiefäden verbinden Sie mit allem, was Sie besitzen. Ist Ihr Zuhause mit Dingen angefüllt, die Sie lieben oder sinnvoll nutzen, wird es zu einem unglaublichen Quell der Stärkung und Unterstützung. Gerümpel hingegen zieht Ihre Energie nach unten, und je länger Sie es behalten, umso stärker wird es Sie beeinträchtigen. Wenn Sie alles loswerden, was keine echte Bedeutung für Sie hat, fühlen Sie sich körperlich, geistig und seelisch leichter.

Dinge, die unordentlich oder ungeordnet sind

Diese Kategorie betrifft die Messies und die hoffnungslos Unorganisierten dieser Welt. Selbst wenn Sie Ihre Sachen auf das begrenzen, was Sie benutzen und mögen, bleibt Ihr Zuhause rumpelig, solange alles herumfliegt und Sie Mühe haben, Dinge zu finden, die Sie benutzen wollen. Wahrscheinlich behaupten Sie, wie die meisten Messies, dass es eine Ordnung in Ihrem Chaos gibt, und vor allem, dass Sie alles sichtbar liegen lassen müssen, um sich an das Wichtige zu erinnern, das Sie zu erledigen haben. Stellt Sie allerdings jemand auf die Probe und fragt Sie, wo dies oder jenes ist, können Sie bestenfalls mit einer allgemeinen Richtung dienen, selten jedoch den genauen Ort nennen.

Jedermanns Leben verläuft angenehmer, wenn er weiß, wo sich etwas befindet. Denken Sie zum Beispiel an Ihr Bett. Die Energieverbindung zwischen Ihnen und Ihrem Bett ist direkt und eindeutig. Sofern Sie kein nomadischer Typ sind, wissen Sie genau, wo Ihr Bett steht und können binnen Mikrosekunden eine Verbindung zu ihm herstellen. Und jetzt denken Sie an Ihre Haustürschlüssel. Wissen Sie genau, wo sie sind, oder müssen Sie erst eine gedankliche Suche veranstalten? Wie sieht es mit der Rechnung aus, die Sie bezahlen müssen? Wo ist die? Wenn Ihre Sachen durcheinandergeraten, nehmen sich Ihre Verbindungen zu ihnen wie ein Teller Spaghetti aus. Das sorgt für Stress und Verwirrung in Ihrem Leben. Frieden und Klarheit stellen sich nur ein, wenn wir wissen, wo welche Sachen sind.

Das Gerümpel in dieser Kategorie besteht aus Dingen, die entweder keinen eigenen Platz haben, oder sie haben «eigentlich» einen, von dem sie aber verschwunden sind, um sich unter all den anderen Kram zu mischen. Viele der Gegenstände scheinen einfach in Ihrem Leben aufzutauchen, nicht, weil Sie die bewusste Entscheidung trafen, sie anzuschaffen. Zu ihnen gehört die Post, die unablässig eintrudelt und sich bis in die abgelegensten Winkel Ihres Hauses verteilt, und die vielen Zettel, die aus dem Nichts kommen und sich zu gewaltigen Bergen aufhäufen und sich all Ihren Versuchen widersetzen, sie zu ordnen und in ein System zu bringen. Dann gibt es noch die Impulskäufe. Die bringen Sie nach Hause und sagen sich: «Ich pack das erst mal da hin.» Dort bleibt es – manchmal über Monate, Jahre, sogar Jahrzehnte, wirkt immer etwas deplatziert und hält sich derweil hartnäckig als nagende Erinnerung in Ihrem Hinterkopf.

Verstehen Sie mich nicht falsch. Ich plädiere nicht für makellose Ordnung. Ein zu sauberes Zuhause, in dem alles «genau an seinem Platz» ist, ist energetisch steril und kann ebenso ein Problem sein wie eines, in dem es drunter und drüber geht. Trotzdem ist Ihr Haus ein Abbild dessen, was in Ihnen vorgeht, und wenn Sie äußerlich ein Chaot sind, herrscht auch Chaos in Ihnen. Sortieren Sie das Äußere, dann beginnt das Innere, sich zu ordnen.

Zu viele Dinge auf zu wenig Raum

Manchmal ist das Problem einfach eines von zu wenig Raum. Ihr Leben oder Ihre Familie haben sich erweitert, aber Ihr Heim hat seine Größe nicht verändert oder war von Anfang an zu klein. Sie können es kreativ angehen und mehr Schränke aufstellen, um alles zu verstauen, aber je mehr Sie in Ihrem Wohnraum unterbringen, umso weniger Platz bleibt, in dem sich Energie bewegen kann, und umso schwieriger wird es, noch etwas erledigt zu bekommen. Bei dieser Form von Gerümpel, zu viel auf zu kleinem Raum, fühlt sich Ihr Heim an, als könnte es nicht mehr atmen. Tatsächlich atmen Sie selbst flacher und angespannter. (Wann haben Sie zum letzten Mal richtig tief Luft geholt und Ihre Lunge gefüllt?) Am Ende fühlen Sie sich in allem, was Sie tun, eingeengt.

Die einzige Lösung ist, sich etwas Größeres zu suchen oder einige Sachen aus dem Haus zu schaffen. Sie werden staunen, wie gut es sich anfühlt, mehr Platz zu haben.

Alles Unfertige

Diese Gerümpelart ist schwerer zu erkennen und leichter zu ignorieren als andere, hat jedoch weitreichende Wirkung. Alles Unfertige in den physischen, mentalen, emotionalen und spirituellen Bereichen blockiert die Psyche.

Unerledigtes oder Unfertiges in Ihrem Zuhause spiegelt Unfertiges in Ihrem Leben und kostet Sie laufend Energie. Da wären die kleinen Reparaturen wie das Ausbessern einer kaputten Schublade oder der tropfende Wasserhahn, aber auch die größeren Sachen, etwa die Renovierung des Hauses, die Wartung der Heizung oder der Klimaanlage oder das Zähmen des Dschungels, zu dem Ihr Garten mutiert ist. Je mehr Unfertiges Sie ansammeln, umso stärker behindert es Sie in allem, was Sie tun.

Knöpfe, die angenäht werden müssen, Anrufe, die Sie erledigen sollten, Beziehungen, aus denen Sie sich lösen müssten, und viele andere Arten von losen Enden in Ihrem Leben bremsen Sie, wenn Sie sich nicht um sie kümmern. Ihr Unterbewusstsein verdrängt sie für Sie, wenn Sie es darum bitten, aber das erfordert eine Menge Energie von Ihnen. Sie werden sich wundern, wie viel vitaler Sie sich fühlen, gehen Sie Unfertiges einfach an.

Im nächsten Kapitel sehen wir uns an, auf welch unerwartete Weise diese Gerümpelarten Ihr Leben beeinflussen.

5 Was uns Unordnung antut

Die meisten Menschen haben keine Ahnung, welche Auswirkungen Gerümpel auf sie hat. Vielleicht glauben sie sogar fest daran, ihres wäre ein echter Schatz oder könnte zumindest einer sein, sobald sie es erst mal durchsortiert und geordnet haben. Fangen sie allerdings an, Dinge wirklich rauszuwerfen, begreifen sie, wie viel besser sie sich ohne sie fühlen.

Was Ihr Gerümpel mit Ihnen macht, hängt davon ab, was für ein Typ Mensch Sie sind, wie viel Zeug Sie haben, wo Sie es in Ihrem Heim lagern und wie lange. Ein paar grundlegende Auswirkungen, auf die Sie achten sollten, wären folgende:

Gerümpel horten kann Sie müde und lethargisch machen

Viele Leute, die Sachen horten, bringen die Kraft nicht auf, mit dem Aufräumen anzufangen. Sie fühlen sich permanent müde. Dabei ist die stagnierende Energie, die sich um die Unordnung aufstaut, die eigentliche Ursache für Müdigkeit und Lethargie. Ausmisten setzt die Energie in Ihrem Zuhause frei und bringt neue Vitalität in Ihren Körper. Zur Veranschaulichung ein paar Zitate aus Zuschriften:

«Ich bin lange aufgeblieben, um Ihr Buch zu lesen, und war so hochgedreht, dass ich gar nicht einschlafen konnte. Irgendwann

bin ich einfach aufgestanden und habe mit dem Ausmisten angefangen – bis vier Uhr morgens! Obwohl ich am nächsten Tag zur Arbeit musste, fühlte ich mich überhaupt nicht müde.»

«Ich war früher ein echter Dauerglotzer. Wenn ich von der Arbeit kam, ging der Fernseher an, und da hockte ich Abend für Abend. Dann habe ich eine große Aufräumaktion durchgezogen, und auf einmal stellte ich fest, dass ich kaum noch Verwendung für meinen Fernseher habe. Also warf ich den auch raus. Heute habe ich viel zu viele neue Interessen, als dass ich noch Zeit für die Glotze hätte.»

«Zuerst war die schiere Menge meines Gerümpels schon beängstigend, aber ich wusste, dass ich ausmisten musste. Ich bin erstaunt, wie viel besser ich mich nach jeder Schublade fühle und welche Energie aus dem Nichts kommt, die mich zum Weitermachen anspornt.»

«Mein Mann und ich haben gerade Ihr Buch gelesen, zweimal sogar. Seit über einem Jahr versuche ich, ihn dazu zu bringen, etwas von seinem geistigen und sonstigen Ballast loszuwerden. Dann las ich Ihr Buch, las ihm ein paar Absätze laut vor, und er war Feuer und Flamme. So habe ich ihn noch nie gesehen. Er räumt derart viel Kram raus und derart schnell, dass wir es beide kaum glauben können. Und er hat so viel mehr Energie, dass er sich endlich die Zeit nimmt, das Buch wirklich zu Ende zu lesen!!! Danke, danke, danke.»

Gerümpel hält uns in der Vergangenheit fest

Wenn alles, was Sie an Platz zur Verfügung haben, mit Kram vollgestopft ist, bleibt nichts mehr für Neues in Ihrem Leben. Folglich neigen auch Ihre Gedanken dazu, in der Vergangenheit zu verharren, und Sie fühlen sich von Problemen erdrückt, die Sie schon seit einiger Zeit mit sich herumschleppen. Sie blicken zurück statt nach vorn, geben der Vergangenheit die Schuld an Ihrer gegenwärtigen Situation, während Sie die Verantwortung übernehmen sollten, für ein besseres Morgen zu sorgen. Ihr Gerümpel auszumisten hilft Ihnen, Ihre Probleme in Angriff zu nehmen und vorwärtszukommen. Für eine bessere Zukunft ist das Loslassen der Vergangenheit entscheidend.

Gerümpel verstopft nicht bloß Ihre Räume, sondern auch Ihren Körper

Wenn Sie viel Gerümpel haben, wird die Energie in Ihrem Heim genauso blockiert wie in Ihrem Körper. Sachenhorter bewegen sich im Allgemeinen zu wenig, sind oft verstopft, haben einen stumpfen, blassen Teint und glanzlose Augen. Leute mit wenig Gerümpel in ihrem Leben sind gemeinhin aktiver, haben klare, strahlende Haut und leuchtende Augen. Was ist Ihnen lieber?

Gerümpel kann Ihr Körpergewicht beeinflussen

Eine interessante Nebenwirkung, die ich im Laufe der Jahre beobachten konnte, ist die, dass Leute, die sehr viel Gerümpel in ihren Häusern horten, oft übergewichtig sind. Ich glaube, es liegt daran, dass sowohl Körperfett als auch Gerümpel Formen von Selbstschutz sind. Mit den Speckschichten wie mit den Dingen, die sie um sich herum anhäufen, hoffen die Menschen, sich gegen die Erschütterungen des Lebens abzupolstern, vor allem gegen Emotionen, mit denen sie schlecht umgehen können. Beides gibt ihnen ein Gefühl von Kontrolle, als würden ihre Barrieren verhindern, dass Äußeres zu große Wirkung auf sie hat. Was eine Illusion ist. Um es in Oprah Winfreys Worten zu sagen:

«Was ich in den dreizehn Jahren Kampf mit meinem Gewicht gelernt habe, ist, dass man erst anfangen kann, an seinem Körper zu arbeiten, wenn man begriffen hat, was einen emotional bremst. Dass wir im Leben nicht weiterkommen, liegt an den Ängsten, die uns zurückhalten, an den Dingen, die uns hindern, alles das zu sein, was wir eigentlich sein sollten.»

Meine Erfahrungen bestätigen, dass Übergewichtige viele Ängste tief in sich vergraben, die sie überwinden müssen, um ihr Gerümpel loszuwerden. Allerdings schreiben mir viele von ihnen, wie viel leichter es ihnen fiel, ihr Fett loszuwerden, kaum dass sie endlich anfingen, sich von ihrem Kram zu trennen. Sie erzählen mir, dass es ungleich einfacher ist, ihrem Heim eine Schlankheitskur zu verpassen als sich selbst; doch sowie es ihnen gelang, besser auf ihre Umgebung zu achten, fühlten sie alle sich geneigter, auch besser auf sich selbst zu achten. Wie eine Frau es so treffend formulierte: «Hat man erst mal den Krempel aus seinem Heim geräumt, fühlt es sich schlicht falsch an, sich weiter irgendwelchen Krempel in den Mund zu stopfen.»

Gerümpel kann uns verwirren

Wer von Gerümpel umgeben lebt, kann sich unmöglich über das im Klaren sein, was er mit seinem Leben anstellt. Wenn Sie anfangen aufzuräumen, können Sie klarer denken und lebenswichtige Entscheidungen leichter fällen. Frei von Gerümpel zu sein ist eine der größten Hilfen, die ich kenne, das Leben, das man will, zu erkennen und zu erreichen.

Gerümpel beeinflusst die Art, wie wir behandelt werden

Andere behandeln uns so, wie wir uns selbst behandeln. Wenn Sie sich also schätzen und auf sich achten, werden andere Sie gut behandeln. Falls Sie sich aber «gehenlassen» und nichts dagegen tun, dass sich Krempel um Sie herum anhäuft, ziehen Sie Leute an, die Sie genauso unachtsam behandeln, weil Sie unbewusst meinen, Sie würden es nicht besser verdienen.

Ist Ihr Heim unsauber und voller Gerümpel, dann mögen Ihre Freunde Sie vielleicht als Menschen, aber es dürfte ihnen schwerfallen, Sie zu respektieren, vor allem dann, wenn Sie fortwährend mit allem hinterherhinken, was Sie tun sollten, Abmachungen nicht einhalten, weil Sie desorganisiert sind, und so weiter. Wenn Sie Ihre Wohnung in Ordnung bringen, werden Sie gleichzeitig auch alle Ihre Beziehungen verbessern.

Gerümpel macht uns zu Aufschiebern

Wenn Sie eine Menge Gerümpel haben, neigen Sie wahrscheinlich auch dazu, Dinge auf die lange Bank zu schieben. All der Kram um Sie herum bremst Ihre Energie und macht es Ihnen schwer, sich zu irgendetwas aufzuraffen. Nach dem Ausmisten werden Sie sich selbst (und alle anderen!) überraschen, indem Sie Dinge tun wollen, die Sie lange Zeit aufgeschoben haben. Leute fühlen sich auf einmal motiviert, Ihren Garten neu zu gestalten, einen Kurs zu besuchen, Freunde anzurufen, Urlaub zu machen und so fort. Die Briefe, die ich über diesen Begleiteffekt des Entrümpelns bekam, sind faszinierend!

«Mein Mann ist vor fünf Jahren gestorben, und ich schob es immer wieder auf, seine Sachen wegzuräumen. Durch Ihr Buch fand ich endlich den Mut, seine Kleidung zusammenzupacken und zur Wohlfahrt zu bringen, und es war, als wehte plötzlich ein frischer Wind in meinem Leben. Ich weiß, dass das bei jemandem meines Alters (ich bin 71) schwer zu glauben ist, aber ich habe mich jetzt am College für einen Computerkurs eingeschrieben.»

«Als ich meinen Dachboden aufräumte, fielen mir Briefe von guten alten Freunden in die Hände, die ins Ausland gezogen sind, und Tränen liefen mir über die Wangen, weil mir klar wurde, wie sehr ich sie vermisse und längst den Kontakt zu ihnen verloren habe. Um es kurz zu fassen: Ich putzte meinen Dachboden blitzblank, setzte mich in einen Flieger und habe sie besucht. Es war ein wundervolles Wiedersehen. Jetzt überlege ich ernsthaft, selbst dorthin zu übersiedeln.»

«Dieses Ausmisten scheint einem echt ins Blut überzugehen. Nachdem ich jeden Schrank in meinem Haus aufgeräumt hatte,

stehe ich nun jeden Morgen bei Sonnenaufgang auf und bringe meinen Garten in Schuss. Wo soll das noch hinführen?»

Gerümpel bringt leicht Unfrieden

Unordnung ist ein großer Streitfaktor in Familien und Wohngemeinschaften, zwischen Geschäftspartnern und Kollegen. Wenn Sie knietief in Krempel wohnen oder arbeiten, die anderen um Sie herum aber nicht, dürfte deren Lebensstil Sie kaum behindern, sehr wohl aber Ihrer den der anderen.

Esoterisch gesehen, haben diese Menschen Sie aus einem bestimmten Grund in ihr Leben hereingezogen, und Sie haben sie ebenfalls aus einem bestimmten Grund in Ihres hereingeholt. Das Gerümpel, das Sie um sich anhäufen, ist nicht der wirkliche Grund. Beseitigen Sie es, und Sie werden die größeren Möglichkeiten entdecken, die Sie gemeinsam verwirklichen können. Auf jeden Fall ist das allemal interessanter, als sich ewig über Krempel zu streiten!

Gerümpel kann Schamgefühle wecken

Vielleicht haben Sie den Punkt erreicht, an dem Ihr Heim derart vollgestopft und unordentlich ist, dass Sie sich schämen, jemanden einzuladen, und regelrecht panisch werden, sollte unangekündigter Besuch ins Haus schneien. Was ist Ihnen lieber: einsam und isoliert inmitten Ihres Krempels zu hausen oder einmal gründlich auszumisten, Ihre Selbstachtung wiederherzustellen und voller Zuversicht Ihr soziales Leben wieder zu aktivieren?

Gerümpel kann Ihr Leben zum Stillstand bringen

Ich bin einmal einem liebenswerten älteren Ehepaar begegnet, das in einer wunderschönen Villa mit fünfzehn Zimmern lebte. Ihre Kinder waren längst groß und ausgezogen, und sie freuten sich über ihre glückliche Zweisamkeit. Der Wohnbereich wie auch die Zimmer ihrer Kinder waren sauber und ordentlich, doch mit der Zeit gingen ein Großteil ihres Schlafzimmers und drei ihrer anderen Zimmer in lauter Krimskrams unter. Ein Raum sah aus wie ein Trödelladen, so viel Nippes und Zeugs hatte sich dort angehäuft; ein anderes Zimmer war hüfthoch mit Kleiderbergen verstellt, und im dritten lagerte noch mehr von ihrem eigenen Gerümpel nebst Kartons mit Sachen, die sie von einer Tante geerbt hatten und «noch sortieren wollten». Auf meine Frage hin sagten sie, sie würden liebend gern reisen und die letzten gemeinsamen Lebensjahre auskosten, doch in ihrem Hinterkopf rumore ständig der Gedanke, dass sie noch all die Sachen ordnen müssten. Wann immer sie überlegten, eine Reise zu machen, beschlossen sie, dass sie nicht los könnten, bevor sie nicht aufgeräumt hatten. Letztlich hatte sie die Scham über ihr Gerümpel jahrelang zu Hause eingesperrt!

Lassen Sie Ihr Leben nicht einfach entgleiten. Setzen Sie sich jetzt gleich hin und machen Sie eine Liste von allem, was Sie gern tun würden, wäre erst Ihr Gerümpel ausgemistet. Die kann Ihnen Ansporn sein, mit dem Aufräumen anzufangen.

Gerümpel kann Depressionen auslösen

Die stagnierende Energie von Gerümpel zieht uns runter und kann uns depressiv machen. Tatsächlich ist mir noch kein depressiver Mensch begegnet, der sich nicht mit Gerümpel umgeben hatte. Gefühle von Hoffnungslosigkeit werden durch Gerümpel gesteigert und können zu einem gewissem Maß durch Ausmisten abgebaut werden, weil man so Platz für Neues im Leben schafft. Ich glaube deshalb daran, weil viele Formen von Depression durch unser höheres Ich hervorgerufen werden, das uns an dem hindert, was wir tun, weil es an der Zeit ist, etwas anderes zu machen.

Falls Sie so deprimiert sind, dass Sie nicht einmal an eine Aufräumaktion denken wollen, schaffen Sie zumindest Ihr Gerümpel vom Fußboden weg (deprimierte Menschen neigen dazu, ihren Krempel auf niedrigem Niveau zu stapeln). Dann werden auch Ihre Energie und Ihre Lebensgeister wieder höher steigen können. Es wäre außerdem ratsam, Ihr Heim auf geopathische Störungen (schädliche Erdenergien) untersuchen zu lassen. Gerümpel häuft sich oft in geopathisch belasteten Bereichen an, und solche schädlichen Erdenergien können ein ursächlicher Faktor bei Ihrer Depression sein. Näheres dazu finden Sie in meinem Buch «Heilige Orte erschaffen mit Feng Shui».

Gerümpel führt zu Übergewicht bei Reisegepäck

Wer viel Gerümpel bei sich zu Hause hortet, nimmt oft auch eine Menge Gepäck mit auf Reisen. Leute, die viel ansammeln, müssen oft Übergepäckgebühren für all die Sachen bezahlen, die sie «für alle Fälle» mitnehmen, ganz zu schweigen von den Unmengen Souvenirs, die sie mit zurückschleppen.

Auch emotional schaffen sie sich einiges an Übergepäck. Wie steht es mit Ihnen? Machen Sie gern mal aus einer Mücke einen Elefanten, inszenieren aus dem Stegreif Dramen oder regen sich über eingebildete Beleidigungen auf? Lernen Sie, physisch leichter zu werden, dann entdecken Sie, wie Sie auch Ihr emotionales Gepäck reduzieren und Ihr Leben viel besser genießen können.

Gerümpel dämpft unsere Sinnlichkeit und Lebensfreude

Genau wie gehortete Dinge die Geräusche und die Atmosphäre in unserem Heim dumpf machen, reduzieren sie auch unsere Fähigkeit, unser Leben voll auszukosten. Wir werden zu Gewohnheitstieren und fühlen uns wie ein Hamster im Rad: als würden wir immerfort dasselbe tun, Tag für Tag, Jahr um Jahr. Auf die Weise können wir zu ausgesprochen langweiligen Zeitgenossen werden. Ausmisten schafft Raum, in den ein frischer Wind hineinweht, und mit ihm kehrt neue Begeisterung in unser Heim wie unser Leben ein. Räumen Sie von Zeit zu Zeit Dinge in Ihrem Haus um; schon das hilft, die Energie aufzufrischen.

Richtig großes Aufräumen und Aussortieren ist unabdingbar, wenn Sie wahre Leidenschaft, Freude und Glück in Ihrem Leben wollen. Diese Gefühle nämlich brauchen einen starken Energiefluss in Ihrem Körper, und den bekommen Sie nicht, solange Ihre Kanäle verstopft sind.

Unordnung erschwert das Putzen

Eine vollgestellte Wohnung zu putzen dauert doppelt so lange wie eine aufgeräumte, und nicht nur das, denn auch die Gegenstände, mit denen wir unsere Räume vollstopfen, müssen ja geputzt werden. Je mehr Gerümpel wir haben, umso mehr Staub sammelt sich, umso mehr Energie stagniert und umso weniger sind wir motiviert, für Sauberkeit zu sorgen. Das wird zu einem Teufelskreis. Überlegen Sie einfach mal, was Sie alles Nettes in der Zeit tun könnten, die Sie beim Putzen sparen, indem Sie Ihr Gerümpel loslassen. Und falls Sie eine Haushaltshilfe haben, die das Putzen für Sie übernimmt, rechnen Sie einmal aus, wie viel Geld Sie bei deren Lohn einsparen könnten.

Gerümpel macht uns desorganisiert

Wie oft verlegen Sie Ihre Schlüssel, Ihre Brille, Ihr Portemonnaie? Wie oft haben Sie nach etwas gesucht, es schließlich aufgegeben und es dann Wochen oder Monate später wiedergefunden? Empfinden Sie es womöglich als einfacher, loszuziehen und einen Gegenstand neu zu kaufen, als nach dem zu suchen, von dem Sie wissen, dass Sie ihn besitzen?

Wer desorganisiert ist, vergeudet Zeit, was wiederum frustrierend ist und uns ein Gefühl von Versagen beschert. Viele Menschen bleiben noch als Erwachsene unordentlich, weil sie damit gegen die elterlichen Ermahnungen zur Ordnung aufbegehren. Auf die Weise sabotieren sie sich allerdings nur selbst. Wenn man sich hingegen entschließt, die Verantwortung für sein Heim zu übernehmen, dann gibt das Kraft, und man kann endlich tun, was man wirklich möchte, statt sich sein Leben von ungelösten Kindheitskonflikten diktieren zu lassen.

Gerümpel kann ein Gesundheits- oder Brandrisiko sein

Wenn Gerümpel anfängt, unangenehm zu riechen, Ungeziefer anzulocken, feucht wird, schimmelt oder sonst wie verrottet, wird es unhygienisch – für Sie und für Ihre Nachbarn. Manches Gerümpel stellt überdies ein Brandrisiko dar.

Wenn Ihnen Ihre eigene Gesundheit und Sicherheit lieb sind und Sie gern ein gutes Verhältnis zu den Nachbarn wahren wollen, schaffen Sie alles raus, ehe es schlimmer wird. (Und von allein wird es ganz gewiss nicht besser.)

Unordnung kann falsche Signale aussenden

Welche Botschaft vermittelt Ihr Gerümpel nach außen? Feng Shui lehrt uns, sehr wählerisch zu sein, was die Bilder, Fotos und Dekorationsgegenstände betrifft, mit denen wir uns umgeben. Sie alle symbolisieren etwas. Mich erstaunt, wie oft Leute an Gegenständen hängen, von denen sie behaupten, sie hätten großen sentimentalen Wert, die aber genau das symbolisieren, was die Betreffenden nach eigenem Bekunden nicht mehr wollen.

Um ein paar einfache Beispiele zu nennen: Falls Sie Single sind und nach einem neuen Partner suchen, trennen Sie sich zuallererst von all Ihren Einzelgegenständen und Einzelporträts und ersetzen sie durch paarweise auftretende Dinge und Bilder von Paaren. Sind Sie streitlustig, achten Sie darauf, nicht zu viel Rot in Ihren Räumen zu haben. Neigen Sie zur Niedergeschlagenheit, werfen Sie alles raus, was nach unten hängt, und stellen Sie Dinge auf, die nach oben weisen und Ihre Energie heben. Wenn Sie später zu dem Kapitel «Gerümpel und Feng-Shui-Symbolik» kommen, werden Sie unter Umständen die Hälfte Ihrer Sachen auf einen Schlag fortschaffen wollen, weil Ihnen klar wird, dass sie die falschen Signale aussenden, was Ihre Lebensziele betrifft.

Gerümpel kann Sie bares Geld kosten

Was kostet es Sie eigentlich, all Ihren Kram zu behalten? Manchmal, wenn alle anderen Argumente versagen, ist es eine reine Rechenaufgabe, die Menschen zur Vernunft bringt.

Also rechnen wir mal. Gehen Sie von Zimmer zu Zimmer und schätzen Sie den Prozentanteil des Raums, den Dinge einnehmen, die Sie selten oder nie benutzen. Und seien Sie so ehrlich mit sich wie möglich. Wenn Sie die volle Wahrheit wollen, rechnen Sie alles mit ein, was Sie nicht sehr mögen oder während des letzten Jahres nicht benutzt haben. Möchten Sie nicht ganz zu streng vorgehen, dehnen Sie die Benutzungsperiode auf die letzten zwei oder drei Jahre aus. In einem durchschnittlichen Haushalt werden Sie am Ende eine Liste ähnlich der folgenden haben:

1	Eingangsbereich	5%
2	Wohnzimmer	10%
3	Esszimmer	10%
4	Küche	30%
5	Schlafzimmer	40%
6	Kinder-/Gästezimmer	25%
7	Abstellraum	100%
8	Bad	15%
9	Keller	90%
10	Dachboden	100%
11	Gartenschuppen	60%
12	Garage	80%
	Gesamtgerümpel	**565%**

Und jetzt teilen Sie den Wert durch die Anzahl der Räume.

565 Prozent geteilt durch 12 Bereiche macht einen Schnitt von 47 Prozent Krempel pro Raum!

In diesem Beispiel belaufen sich die Kosten für das Lagern des Gerümpels auf schwindelerregende 47 Prozent der Ausgaben für Miete oder Hypothek einschließlich Wohnkosten. Ich schlage Ihnen dringend vor, umgehend Ihre eigene Rechnung aufzustellen.

Vielleicht haben Sie sogar schon das Stadium erreicht, in dem Ihre Sachen das Zuhause überfluten und Sie zusätzlich noch hohe Mieten für Lagerräume zahlen. Die Betreiber solcher Depots freuen sich jedenfalls, weil ihr Geschäft seit Jahren floriert. In städtischen Gebieten gibt es oft monatelange Wartelisten für solche Lagerflächen. Halten Sie Ihr Geld so für gut angelegt? Würden Sie es nicht lieber für etwas anderes ausgeben?

Und Ihre Sammelgewohnheit kostet Sie auch auf andere Weise Geld. Da wäre einmal die Zeit, die Sie mit dem Kauf verbringen und hinterher mit der Suche nach einem geeigneten Stellplatz, wenn Sie wieder zu Hause sind. Dann geben Sie oft Geld aus für etwas, in dem Sie das Gekaufte aufbewahren. Wir reden hier über Sachen wie Kisten, Regale, Schränke, Schubladen, Aktenschränke, Truhen oder, in extremeren Fällen, einen Anbau ans Haus, einen zusätzlichen Schuppen, einen Zwischenboden für den Dachboden oder eine zweite Garage. Dann kommen die Kosten fürs Reinigen, Heizen, den Witterungs- und Ungezieferschutz sowie den Transport, wenn Sie umziehen. Sie könnten sich überdies entschließen, die Sachen zu versichern und ein Sicherheitssystem zu installieren, das sie schützt. Und Ende kommen die Zeit, die Kosten und die emotionelle Energie, die Sie aufbringen müssen, wenn Sie alles irgendwann loswerden wollen, weil Ihnen klar wird, dass es Ihnen überhaupt nichts bringt. Ist es das wirklich wert?

Sämtliche Kosten liegen häufig deutlich höher als der Wert der einzelnen Gegenstände. Denken Sie nach. Sie wenden so viel Zeit, Geld und Mühe auf, um Dinge zu kaufen, die Sie nie nutzen und die Sie weiter etwas kosten, während Sie sie ohne jeden vernünftigen Grund endlos aufbewahren!

Gerümpel lenkt vom wirklich Wichtigen ab

Gehören Ihnen Ihre Sachen oder gehören Sie ihnen? Alles, was Sie besitzen, verlangt nach Ihrer Aufmerksamkeit. Und je mehr Kram Sie haben, umso mehr Ihrer Energie wird von profanen Verrichtungen verschlungen. Wie im letzten Abschnitt gezeigt wurde, braucht alles, was Sie haben, in irgendeiner Form Zuwendung. Wenn Sie Ihr Gerümpel ausmisten, schaffen Sie sich Freiräume, um sich Wichtigerem in Ihrem Leben zuzuwenden, statt fortwährend mit der täglichen Instandhaltung Ihres Besitzes beschäftigt zu sein.

Wir müssen begreifen, wie unser Gerümpel uns beeinflusst, denn nur so lernen wir, es mit neuen Augen zu betrachten und neu zu entscheiden, was wir behalten wollen und was nicht. Wie wir uns entscheiden, hängt wesentlich davon ab, was uns veranlasst hat, überhaupt erst so viel Kram anzuhäufen. Und mit dieser Frage beschäftigt sich das nächste Kapitel.

6 Warum häufen Leute Gerümpel an?

Die Antwort auf diese Frage ist komplex, und wenn Sie die folgenden Seiten lesen, werden Sie feststellen, dass die verschiedenen Erklärungen für Sie teils mehr, teils weniger nachvollziehbar sind.

In all den Beratungen, die ich durchgeführt habe, um Leuten zu helfen, ihr Gerümpel auszumisten, war der Krempel ein physischer Ausdruck des eigentlichen Problems. Es gibt stets tieferliegende Gründe, warum sich Dinge anhäufen. Entschuldigungen wie «ich habe zu viel zu tun/bin zu faul/zu gestresst» führen uns auf die falsche Fährte. Wer die Zeit hat, ein Sammelsurium anzuschaffen (und das fällt den wenigsten schwer), der hat auch die, es zu entrümpeln. Solche Argumente sind Ausflüchte, mit denen die psychischen Gründe fürs Horten umschifft werden.

Ehe wir näher auf diesen Aspekt eingehen, möchte ich zunächst einmal festhalten, dass jeder immer das Beste tut, was er kann. Also lassen wir jede Verurteilung über Gerümpel – Ihr eigenes und das von anderen – gleich fallen. Bei der Gelegenheit können Sie auch sämtliche Schuldgefühle über Bord werfen, die Sie vielleicht haben. Wenn in Ihrem Leben Unordnung herrscht, dann hatten Sie auch einen Grund dafür, sie zu schaffen. Folglich war das Gerümpel, das Sie nun haben, richtig für Sie in Ihrem Leben – bis jetzt.

In diesem Kapitel sollen Sie verstehen lernen, warum Sie Ihr Gerümpel brauchten, denn das hilft Ihnen, loszulassen und künftig kein neues anzusammeln. Die Muster sind tief in Ihrem Unterbewusstsein eingegraben, und solange Sie die nicht durchschauen, werden Sie von ihnen gelenkt. Sind Sie sich ihrer jedoch gewahr, verlieren sie allmählich die Macht über Sie, und bald können Sie zurückschauen und über Ihren früheren verrückten Sammeltrieb lachen.

Sehen wir uns also ein paar Gründe an, warum Sie es für nötig hielten, Dinge zu horten.

Sachen «für alle Fälle» aufbewahren

Das ist der absolute Spitzenrenner unter den Gründen, die Leute angeben, um Dinge aufzuheben. «Ich kann das nicht wegschmeißen», beteuern sie, «weil es irgendwann ganz bestimmt gebraucht wird.»

Natürlich sollten Sie unbedingt einen vernünftigen Vorrat an Sachen haben, die Sie regelmäßig brauchen, aber brauchen Sie wirklich so viele (hier fügen Sie selbst etwas ein), wie Sie seit Jahren horten?

«Wer weiß?», antworten Sie, weil Sie sich erinnern, wie oft Sie etwas weggeworfen und hinterher festgestellt haben, dass Sie es doch noch brauchten. Dann lassen Sie mich erklären, warum Ihnen so etwas passiert und wie Sie es ändern.

Dinge «für alle Fälle» aufzuheben verweist auf mangelndes Vertrauen in die Zukunft. Machen Sie sich Sorgen, dass Sie etwas kurze Zeit nach dem Wegwerfen brauchen könnten, dann wird Ihr Unterbewusstsein mit Sicherheit sehr kurze Zeit danach eine Situation heraufbeschwören, in der Sie genau diesen Gegenstand brauchen, wie ausgefallen er auch sein mag. «Ich hab doch gewusst, dass ich das irgendwann brauche!», rufen Sie aus, aber eigentlich ist es so, dass Sie exakt diese Situation hätten vermeiden können, indem Sie einfach anders denken. Sie haben den Bedarf selbst geschaffen, weil Sie an dessen Notwendigkeit glaubten. Wenn Sie Unmengen an Gerümpel haben, an dem Sie hängen, dann liegt das an Ihrer Art zu denken, weil Sie zutiefst misstrauisch sind und sich stets verletzlich und unsicher fühlen, was die Zukunft betrifft.

Nun ist es oft nicht nur unsere eigene Zukunft, um die wir uns sorgen und für die wir vorsorgen wollen. Sie könnten auch ernstlich bemüht sein, anderen zu helfen. Deshalb heben Sie reinweg alles auf, «für den Fall», dass jemand anders es braucht. Jetzt bewahren Sie Sachen also stellvertretend für andere, die Sie vielleicht nicht einmal kennen, oder für Notlagen, in die Sie wahrscheinlich nie geraten. Womit es faktisch unmöglich wird, irgendetwas wegzuwerfen.

Zu den eindrücklichsten Beispielen von «Das kann ja nochmal von Nutzen sein»-Aufbewahrern, die mir begegnet sind, zählen folgende:

- fünf Aquarien, die seit fünfzehn Jahren auf dem Dachboden eines Mannes standen, der Fische nicht leiden konnte;
- eine Speisekammer, die bis unter die Decke vollgestapelt war mit leeren Flaschen, Margarinedosen, Eierkartons und Ähnlichem, von denen über zwanzig Jahre nichts verwendet wurde;
- ein großes Spielzimmer voller Kinderspielzeug, das ein Paar eingerichtet hatte «für den Fall», dass ihr homosexueller Sohn es sich anders überlegte und doch noch eine Frau heiratete und Kinder zeugte;
- ein ganzes Haus voller Besitztümer, das einer Frau gehörte, die sich nebenan ein neues gekauft hatte, das sie nicht mit all den Dingen vollstellen wollte!

Wenn Sie Ihr eigenes Zuhause durchgehen, werden Sie wahrscheinlich auf Ihre eigenen Kuriositäten stoßen, die Sie der Liste hinzufügen können.

Das Schöne ist, sobald Sie durchschauen, wie bei Ihnen ein plötzliches Bedürfnis nach Dingen ensteht, die Sie angeblich brauchen und doch letztlich entsorgen, wird das Verlangen gar nicht mehr auftreten. Wenn Sie entscheiden, die Sachen loszulassen, brauchen Sie sie entweder nie wieder oder, sollten Sie sie tatsächlich brauchen, gibt es neuere oder bessere, die zur rechten Zeit in Ihrem Leben auftauchen. Ja, da ist ein Trick dabei, aber den kann jeder lernen. Je mehr Klarheit und Integrität Sie in Ihrem Leben haben, umso häufiger werden Sie feststellen, dass die Dinge zu Ihnen kommen, wenn Sie sie brauchen.

Identität

Ein anderer Grund, weshalb Sie sich an Ihren Besitz binden, ist der, dass Sie irgendwie das Gefühl haben, Ihre Identität wäre an sie gekoppelt. Sie können sich den Ticketabschnitt einer Aufführung oder eines Konzerts von vor zehn Jahren ansehen und sich sagen: «Ja, da war ich, das habe ich gesehen.» Sie können das Geschenk eines Freundes betrachten und sagen: «Ja, ich hatte einen Freund, der mich gern genug hatte, um mir das zu schenken.» Indem Sie solche Erinnerungsstücke um sich herum stapeln, fühlen Sie sich womöglich Ihrer selbst sicherer.

Es ist nichts dagegen einzuwenden, manche Geschenke und Erinnerungen an glückliche Zeiten aufzubewahren, vorausgesetzt, sie haben immer noch einen Wert für Sie und es sind nicht so viele, dass sie Ihre Energie allzu sehr in der Vergangenheit verankern, statt sie auf die Gegenwart zu richten. Das verhindern Sie, indem Sie regelmäßig durchsortieren und nur solche Dinge um sich herum haben, die auf demselben Stand sind, den Sie inzwischen erreicht haben.

Dennoch kann das Entrümpeln solcher Besitztümer von anno dazumal äußerst schwierig sein. Mit einigen identifizieren Sie sich womöglich in einem Grade, dass Sie das Gefühl haben, einen Teil von sich wegzuwerfen, oder, wenn es ein Geschenk von einer vertrauten Person war, dass Sie deren Freundschaft preisgeben. Deshalb tun wir uns so schwer damit, sentimentales Gerümpel loszulassen, und zum Teil sind diese Gefühle durchaus berechtigt. Unser Besitz ist von unseren eigenen Schwingungen erfüllt, und die Dinge, die wir häufig benutzen, die wir liebgewonnen oder selbst gemacht haben, sind ganz besonders von unserer eigenen Energie durchdrungen. Geschenke von Freunden, vor allem solche, die sie «extra für dich» ausgesucht haben, tragen auch deren Energie. Das ist übrigens auch der Grund, weshalb Menschen emotional so am Boden sind, wenn sie alles durch Diebstahl, Brand oder Überschwemmung verlieren. Sie trauern um Teile von sich und von den Freunden, die sie mit deren Geschenken verloren haben. (Obwohl ihnen der Himmel eigentlich eine wundervolle Möglichkeit schenkt, ganz neu anzufangen.)

Tatsache ist, dass unsere eigene Kontinuität und unser Wohlbefinden nicht davon abhängen, ob irgendwelche Dinge in unserem Besitz bleiben oder nicht. Es ist vollkommen okay, Dinge gehen zu lassen. Wenn wir uns zu sehr mit bestimmten Gegenständen identifizieren und wir uns das Leben leichter machen wollen, sollten wir sie in ein schönes neues Zuhause entlassen. Lassen wir sie in Liebe gehen und geben sie jemandem, der sie schätzen und nutzen wird. Auf diese Weise fühlen wir uns eines Tages schlechter, weil wir sie ungenutzt behalten, als damit, dass wir sie loslassen. Denn wenn wir sie behalten, werden wir für sie zum Hindernis für einen neuen Abschnitt mit jemandem, der sie wirklich nutzt und schätzt!

Gesellschaftlicher Status

Die allseits bekannte Frage «Was denken die Nachbarn?» verlockt dazu, sich alles Mögliche zuzulegen, um sein niedriges Selbstwertgefühl zu kompensieren. Nun will ich keineswegs behaupten, jeder, der in einer tollen Villa wohnt, hätte ein Problem mit seinem Selbstwertgefühl. Weit gefehlt. Aber viele Leute umgeben sich einzig deshalb mit Wohlstandssymbolen, weil sie den Schein wahren wollen.

Dabei kann ihnen noch so viel «Kram» nicht helfen, solange sie sich nicht mit dem eigentlichen Problem auseinandersetzen.

In unserer modernen, besitzorientierten Welt verlieren wir schnell aus dem Blick, wer wir sind und warum wir hier sind. Das dürfte nirgends offensichtlicher sein als in den USA, wo sich gesellschaftlicher Status meist nicht über unsere Persönlichkeit, sondern unseren Buchwert definiert. Wer aus diesem Grund Anschaffungen macht, erliegt einer Illusion, denn am Ende können wir sowieso nichts davon mitnehmen. Unser Status als unsterblicher Geist orientiert sich an gänzlich anderen Prinzipien als jenen, die unsere vergängliche materialistische Welt vorgibt.

Sicherheit

So vernünftig es auch ist, dem Nestbauinstinkt bis zu einem gewissen Grad nachzugeben und sich ein Heim zu schaffen, das den eigenen Bedürfnissen entspricht, gibt es einen Punkt, an dem der Drang, Dinge zu kaufen, aus dem Ruder läuft. Moderne Werbung zielt bewusst auf unsere Unsicherheit. «Wenn Sie das nicht haben, sind Sie ein minderwertiger Mensch», lautet die unterschwellige Botschaft. Falls Sie bezweifeln, dass Sie allzu sehr beeinflusst werden, sollten Sie das nächste Mal, wenn Sie eine Straße entlanggehen, versuchen, die Werbeplakate nicht zu lesen. Sofern Sie sich nicht zufällig in einem Land aufhalten, dessen Sprache Sie nicht verstehen, dürfte es Ihnen schwerfallen. Die millionenteuren Werbebotschaften konditionieren uns ununterbrochen auf höchst überzeugende Weise, ohne dass wir uns dessen gewahr werden. Wir werden mit ihnen bombardiert. Fernsehen, Radio, Zeitungen, Zeitschriften, Poster, T-Shirts, das Internet, um nur ein paar zu nennen, ermuntern uns unablässig zu kaufen, kaufen, kaufen.

Aber egal, wie viel Sie besitzen, Sie werden sich nie sicher fühlen. Sobald Sie sich eine Sache zugelegt haben, taucht eine andere auf, die Sie «brauchen». Und hinzu kommt die Sorge um den Verlust dessen, was Sie bereits haben. Einige der unsichersten Menschen, die ich kenne, sind Multimillionäre. Letztlich müssen Sie begreifen, dass sich alle Dinge fortwährend im Wandel befinden. So etwas wie Sicherheit gibt es gar nicht. Sie ist ein Mythos.

Territorialdenken

Sehen wir uns einmal an, was passiert, wenn Sie beschließen, etwas Neues zu kaufen. Nehmen wir an, Sie sind beim Einkaufen, auf der Suche nach einer neuen Jacke. Sie finden eine, die Ihnen wirklich gut gefällt, lassen sie aber vorerst auf dem Ständer, weil Sie sich umsehen wollen, ob Sie eventuell eine noch schönere finden. Inzwischen kommt eine andere Kundin, nimmt die Jacke vom Ständer und sieht sie sich interessiert an. Sie werden panisch. «Das ist MEINE Jacke», denken Sie. Und dann ist da die Erleichterung, wenn die andere Kundin die Jacke zurückhängt und weitergeht, oder aber die Peinlichkeit, wenn Sie der anderen erklären müssen, Sie hätten die Jacke zuerst gesehen. Solche Gefühle können ausgesprochen intensiv sein, obwohl es in Wirklichkeit bloß um eine Jacke geht, die Ihnen Minuten zuvor noch rein gar nichts bedeutet hat.

Schließlich kaufen Sie sie, nehmen Sie mit nach Hause, und Ihre Bindung zum neuen Kleidungsstück wächst. Wird sie am nächsten Tag versehentlich beschmutzt, eingerissen, von einem vorbeigehenden Elefanten übel zugerichtet oder was auch immer, kann das eine Katastrophe sein. Verzweiflung! Empörung! Kummer! Und immer noch gilt, dass sie zwei Tage zuvor, ehe sie in Ihr Leben kam, Ihnen nichts bedeutete. Was ist hier los?

Solches Territorialdenken und der Wunsch, Dinge zu besitzen, entspringen jenem niederen, gierigen Teil von Ihnen, der danach strebt, zu besitzen und zu kontrollieren. Ihr Geist weiß bereits, dass Ihnen nichts gehört. Es geht darum, dass Sie begreifen, wie wenig Ihr Glück vom Besitz abhängt. Dinge können Ihnen auf Ihrer Lebensreise helfen, aber sie sind nicht die Reise selbst.

Ererbte Gerümpelsucht

Die meisten unserer Verhaltensmuster lernen wir von unseren Eltern. Und wenn einer oder beide überzeugte Kramhorter waren, ist es naheliegend, dass es ihre Eltern ebenfalls waren und deren Eltern vor ihnen auch. Diese Muster werden von Generation zu Generation weitergereicht.

Um Ihnen zu veranschaulichen, womit Sie es zu tun haben, möchte ich Ihnen von einer verblüffenden Tatsache erzählen, die mir aufgefallen ist. Gehen Sie auch nur sechshundert Jahre in Ihrem Familienstammbaum zurück, also ungefähr zwanzig Generationen, und sollte jeder Ihrer Sachen anhäufenden Vorfahren auch nur zwei Nachkommen gezeugt haben, dann beläuft sich die Summe Ihrer direkten Vorfahren im fraglichen Zeitraum auf über eine Million Menschen. Da dürfen Sie mithin gegen eine ziemliche Front von Sammelfreaks antreten!

Die «Für alle Fälle»-Mentalität ist Teil eines psychologischen Armutsbewusstseins (dem Gegenteil von Wohlstandsbewusstsein) und wird gewöhnlich vom Elternteil zum Kind weitergegeben. Sie selbst haben vielleicht nie gehungert oder auf irgendetwas im Leben verzichten müssen, aber weil diejenigen, die Sie aufgezogen haben, solche Entbehrungen erfahren mussten, impften sie Ihnen dieselben Ängste ein. Folglich schleppen Menschen in Amerika immer noch das emotionale Angstgepäck aus der Zeit der Großen Depression von 1929 mit sich herum, viele Iren das Angsterbe der großen Hungersnot in den 1840ern, Angehörige anderer Nationen erinnern sich an die Essensrationierungen während der Kriege und so weiter. Indem Sie sich bewusst entscheiden, anders zu denken, können Sie sich von den Ängsten Ihrer Vorfahren freimachen. Und gehen Sie noch einen Schritt weiter, indem Sie sich auf Überfluss konzentrieren statt auf Mangel, werden Sie mit Freuden alle Dinge loslassen, die Sie nicht mehr brauchen. Ja, Sie werden es gar nicht erwarten können, sie los zu sein, um mehr Platz für gute Dinge zu schaffen, die zu Ihnen kommen.

Was geschieht mit Ihren Kindern, wenn Sie nicht lernen, wie Sie mit Ihrer ererbten Sammelneigung umgehen? Sie haben jetzt die Chance, Ihre Familie für alle künftigen Generationen von der Sammelsucht zu befreien, und helfen sich dabei selbst.

Der Glaube, dass mehr besser ist

Ich möchte Ihnen ein Beispiel geben: Im Westen haben wir eine ganze Sammlung von Messern in unserer Küche. Wir haben kleine, mit denen wir kleine Sachen schneiden, und große für Großes; manche haben spitze Klingen, andere eckige; einige sind leicht, andere schwer. Sorgfältig wählen wir für jeden Vorgang das passende Messer.

Reisen Sie mal nach Bali, dann werden Sie etwas Interessantes entdecken. Nicht bloß gibt es pro Haushalt nur ein Messer, das für weit mehr Zwecke eingesetzt wird, als Sie für möglich halten werden; überdies sind sogar fünfjährige Kinder gemeinhin sehr viel versierter im Umgang damit als die meisten westlichen Köche (bitten Sie einfach eines, Ihnen eine Ananas zu schälen!). Werbemogule haben uns eine Gehirnwäsche verpasst, bis wir glaubten, dass wir tatsächlich eine solche Vielfalt von Schneidewerkzeugen brauchen, und inzwischen haben die meisten von uns verlernt, ohne sie auszukommen.

Dieses «Mehr ist besser»-Motto schallt uns von Herstellern entgegen, die ein Bedürfnis wecken wollen, um ihre Produkte zu verkaufen. Und Leichtgläubige fallen immer wieder darauf herein. Das nächste Mal, wenn einer dieser Kataloge mit «nützlichen Geräten, von denen Sie nicht wussten, dass Sie sie brauchen» in Ihrem Briefkasten liegt, verbringen Sie eine vergnügte halbe Stunde damit, ihn zu lesen und sich erklären zu lassen, wie viel schöner Ihr Leben wäre, hätten Sie doch bloß einen rutschfesten Mehrzwecksonstwas, und werfen Sie den Prospekt dann weg, ohne etwas zu bestellen. Kurz vor dem sicheren Kauf kehrtzumachen gibt einem ein enorm erhebendes Gefühl, und Sie hätten sowieso nichts von dem gebraucht!

«Pfennigfuchser»

Überzeugte Gerümpelhorter weigern sich, ihren Kram loszuwerden, ehe sie nicht das Gefühl haben, er hätte seinen Geldwert wettgemacht. Das beziehen sie selbst auf Dinge, die sie zum Sonderpreis oder gar umsonst bekommen haben. Sie empfinden es als unanständig, etwas wegzuwerfen, solange sie ihm nicht den letzten Rest Brauchbarkeit abgetrotzt haben, sogar wenn das bedeutet, dass der betreffende Gegenstand auf unbestimmte Zeit im Regal auf seinen Einsatz wartet.

Falls Sie aus diesem Grund Dinge aufheben, werden Sie feststellen, dass das Leben nicht nett zu Ihnen ist. Gutes kann nicht zu Ihnen kommen, wenn Sie den Energiefluss blockieren, indem Sie hartnäckig an überaltertem Gerümpel festhalten. Klammern Sie sich ein bisschen weniger an Ihre Sachen, und warten Sie ab, was geschieht.

Gerümpel, um Gefühle zu unterdrücken

Fühlen Sie sich unwohl, wenn Sie zu viel freien Raum um sich herum oder zu viel freie Zeit haben? Gerümpel ist praktisch, um Leere zu füllen und Sie beschäftigt zu halten. Aber was vermeiden Sie? Gemeinhin ist es Einsamkeit, Angst vor Intimität, Kummer oder eine andere verdrängte Emotion; es erscheint leichter, uns in Gerümpel zu vergraben als uns bestimmten Gefühlen zu stellen. Doch es erfordert einen enormen Energieaufwand, sie zu unterdrücken. Sie werden staunen, welch einen Aufbruch Sie erleben, wenn Sie sich endlich mit Ihren Ängsten auseinandersetzen und zu sich selbst finden. Ihren Kram loszuwerden ist eine der schmerzlosesten Methoden, diesen Konfrontationsprozess zu vollziehen, weil Sie es in Ihrem eigenen Tempo tun können.

Zwangsstörungen

Manche Menschen häufen so viel Gerümpel um sich an, dass man von einer ernsten Zwangsstörung sprechen kann. Falls Sie ein Stadium erreicht haben, in dem Sie gar nichts mehr wegwerfen können, weil Sie fürchten, es später doch noch zu brauchen, kann Ihnen dieses Buch helfen, Ihr Problem zu erkennen. Allerdings sollten Sie dann auch auf jeden Fall die professionelle Hilfe eines Therapeuten in Anspruch nehmen (kognitive Verhaltenstherapie weist hier eine hohe Erfolgsrate auf). Ich habe Leute kennengelernt, die jeden Kassenbon aufbewahrten, jede Plastiktüte, jede Zeitung und auch sonst alles, nur aus der lähmenden Angst, was geschehen könnte, wenn sie es nicht täten. Ihr Zuhause ist dann nicht mehr der kraftspendende Ort, von dem man in die Welt hinausgeht, sondern ein selbstgeschaffener Albtraum.

Wenngleich Ausmisten keineswegs Therapieersatz sein kann, vermag es doch wesentlich zur Heilung beizutragen und den Weg in ein glücklicheres, zwangsfreies Leben zu ebnen. Ausführlicheres hierzu finden Sie in der Geschichte «Mr More, The Man Who Couldn't Throw Anything Away» in Raeann Dumonts «The Sky is Falling» (siehe Bibliographie).

7 Loslassen

Beim Entrümpeln dreht sich alles ums Loslassen. Gemeint ist nicht bloß das Loslassen von Besitztümern – das ist lediglich das Endergebnis. Das Wichtigste ist, zu lernen, die Angst loszulassen, die Sie dazu bringt, Dinge zu behalten, die längst hätten weiterziehen sollen.

«Die haben die Stereoanlage geholt»

Ich lebe auf Bali in Indonesien und bereise die westlichen Länder mehrere Monate im Jahr. So halte ich es seit 1990, seit ich entschied, so leben zu wollen. Manchmal sagen mir Leute, sie wünschten, ihr Leben könnte so sein wie meines. Sie stellen sich vor, dass ich mit Säcken voll Geld anfing und tun konnte, was immer ich wollte. In Wahrheit aber startete ich mit nichts als dem Verlangen, auf Bali zu leben. Wenn Leute über die Gründe nachdenken, weshalb sie nicht machen, was sie eigentlich gern tun würden, hängen sie zumeist mit Besitz zusammen. Sie haben sich ihr Leben so eingerichtet, dass sie nicht mehr frei sind für das, wonach sie sich wirklich sehnen.

In Stuart Wildes Buch «Grenzenloses Selbst» gibt es ein Kapitel mit der Überschrift «Klammern Sie sich an nichts», in dem er erklärt:

«Alles, was Sie haben, ist in der Obhut der Göttlichen Kraft. Wenn Sie nach Hause kommen und die Stereoanlage fehlt, können Sie sagen, ‹Ah, die haben die Stereoanlage geholt›, statt sich deshalb zu ärgern. Sie ist schlicht zur Göttlichen Kraft zurückgekehrt. Nun hat sie jemand anders. Damit ist Raum für eine andere Stereoanlage, die in Ihr Leben kommen kann, oder gar keine. Dann hätten Sie die Ruhe, zu meditieren und darüber nachzudenken, wer Sie sind und was Sie in diesem Leben wollen.»

Und falls Sie nach etwas suchen, für das Sie Geld ausgeben können, rät er Ihnen:

«Der einzige Sinn und Zweck des Geldes besteht darin, es nicht zu haben, sondern es zu benutzen. Der Hauptgrund, Geld zu verdienen, ist, sich Erfahrungen zu ermöglichen. Am Ende Ihres Lebens sollten Sie nichts auf der Bank haben, zurückblicken und sagen: ‹Mein Gott, guckt euch diesen Riesenhaufen Erfahrungen an›, denn Ihre Erinnerungen gehen niemals verloren.»

Nur auf der Durchreise

Leben ist ständiger Wandel. Wenn also etwas in Ihr Leben tritt, genießen Sie es, nutzen Sie es gut, und wenn die Zeit gekommen ist, lassen Sie es los. So einfach ist das. Dass Sie etwas besitzen, heißt noch lange nicht, dass Sie es für immer behalten müssen. Sie sind bloß ein vorübergehender Hüter von vielen Dingen, die durch Ihr Leben ziehen. Schließlich können Sie den Inhalt Ihrer Küchenschränke nicht mitnehmen, wenn Sie sterben, und das würden Sie auch nicht wollen!

Alles Materielle ist Energie im Übergang, sonst nichts. Sie mögen glauben, dass Ihnen ein Haus oder Geld auf der Bank gehört, aber in Wahrheit gehört Ihnen nicht einmal der Körper, in dem Sie aufstehen. Er ist Ihnen vom Planeten geliehen, und wenn Sie mit ihm durch sind, wird er automatisch recycelt und taucht in einer anderen Form ohne Sie wieder auf. Sie sind Geist – strahlend, ewig, unzerstörbar –, und Ihre menschliche Gegebenheit könnte bestenfalls als eine vorübergehende «Miet 'nen Körper»-Situation beschrieben werden.

Ihr Körper ist der zeitlich begrenzte Tempel Ihres Geistes. Was Sie im erweiterten Tempel Ihres Heims bewahren, muss sich ändern, wie Sie sich ändern und wachsen, damit es widerspiegelt, wer Sie sind. Vor allem, wenn Sie an Ihrer Selbstverwirklichung arbeiten, müssen Sie Ihre Umgebung regelmäßig auf den neuesten Stand Ihrer eigenen Entwicklung bringen. Am besten gewöhnen Sie sich an, eine Spur von ausrangiertem Gerümpel hinter sich zu lassen und sie als Zeichen Ihres Fortschritts zu sehen.

Lassen Sie die Angst los

Menschen klammern sich an ihr Gerümpel, weil sie Angst haben, es loszulassen. Sie fürchten sich vor den Gefühlen, die sie beim Entrümpeln ihrer Sachen erleben, davor, dass sie sich irren und später bereuen könnten, etwas weggegeben zu haben. Sie haben Angst, verletzlich zu werden, bloßgestellt oder irgendwie gefährdet. Ausmisten kann eine Menge «Kram» zutage fördern, dem wir uns stellen und mit dem wir umgehen müssen. Und intuitiv weiß das jeder von uns.

Doch der Lohn des Entrümpelns ist alles wert. Liebe und Angst können nicht am selben Ort existieren. Folglich blockiert alles, an dem Sie aus Angst festhalten, den Raum für Liebe in Ihrem Leben, und erst wenn Sie aussortieren, wird Platz für die Liebe frei. Angst verhindert, dass Sie sind, wer Sie wirklich sind. Das Ausmisten von Gerümpel beschert Ihnen eine größere Klarheit über den Sinn Ihres Daseins. Angst unterdrückt Ihre Lebensenergien. Lassen Sie Ihr Gerümpel los, und Sie gewinnen Ihre eigene Vitalität wieder. Loslassen macht Sie frei, alles zu sein, was Sie sein können, und das ist eines der größten Geschenke, die Sie sich jemals machen können.

Teil 2 **Gerümpel erkennen**

8 Gerümpel und die Feng-Shui-Bagua

Sollten die vorangegangenen Kapitel Sie nicht motiviert haben, mit dem Klären Ihres Gerümpels anzufangen, wird es dieses hier ganz gewiss schaffen.

Die Bagua-Gerümpelprüfung

Die Feng-Shui-Bagua ist ein Raster, anhand dessen wir sehen, wie die einzelnen Bereiche eines Gebäudes, in dem Sie sich aufhalten, mit bestimmten Aspekten Ihres Lebens verbunden sind.

Falls es einen bestimmten Bereich in Ihrem Zuhause oder an Ihrem Arbeitsplatz gibt, der stets genauso schnell zugekramt zu sein scheint, wie Sie ihn aufräumen, überprüfen Sie, in welchem Bagua-Teil er liegt und was in Ihrem entsprechenden Lebensbereich gerade vorgeht. Höchstwahrscheinlich stellen Sie fest, dass es sich genau um jenen Teil Ihres Lebens handelt, der dauernde Zuwendung erfordert und in dem es immer wieder hakt. Unser Leben und die Gebäude, die wir bewohnen, sind untrennbar verbunden. Also ist es klug, wählerischer bei dem zu sein, was man in diesem Bereich verwahrt, wenn man mehr Leichtigkeit und Harmonie im jeweiligen Lebensbereich möchte.

Längst überfälligen Kram irgendwo zu lagern kann ernste Folgen haben. Ein Stauraum in Ihrem Wohlstandsbereich zum Beispiel kann finanzielle Probleme verursachen. Ein Steuerberater, der an einem meiner Workshops teilgenommen hatte, beschloss, die Probe aufs

Exempel zu machen. Sein Geschäft war zurückgegangen, und er bemerkte, dass im Wohlstandsbereich seines Büros ein Haufen zerbrochener Spiegel und sonstiger Dekorationsgegenstände lagerte. Er warf alles hinaus und staunte, dass binnen weniger Tage nicht bloß einer, sondern gleich zwei Anrufe kamen, die ihm große neue Kunden bescherten. Noch außergewöhnlicher war, dass die beiden großen Unternehmen, die mit ihren vorherigen Steuerberatern unzufrieden waren, plötzlich entschieden, sich im Branchenbuch einen neuen zu suchen und ausgerechnet seinen Namen als ersten auswählten. Er war so beeindruckt, dass er wiederkam, noch einen Workshop mitmachte und uns dabei seine Geschichte erzählte. Im Laufe der Jahre habe ich unzählige solcher Erfolgsgeschichten gehört.

Wie Sie die Bagua benutzen

Ein gründliches Studium der Feng-Shui-Bagua kann viele Jahre in Anspruch nehmen, und nachdem Sie dieses Buch gelesen haben, wollen Sie vielleicht Näheres darüber erfahren. Doch um Sie zu motivieren, Ihr Gerümpel loszuwerden, werde ich Ihnen einfach die grundlegenden Begriffe anhand eines sehr simplen Diagramms erklären.

Wohlstand Vermögen Reichtum	**Ruhm** Ruf Erleuchtung	**Beziehungen** Liebe Ehe
Familie Respektspersonen Gemeinde	**Gesundheit** ● Einheit Wohlergehen	**Kreativität** Nachwuchs Projekte
Wissen Weisheit Selbstverwirklichung	**Die Reise** Beruf Lebensweg	**Gute Freunde** Mitgefühl Reisen

Sagen wir, Sie möchten die Bagua auf Ihr Zuhause anwenden. Zuerst nehmen Sie sich einen Klarsichtbogen und einen dafür geeigneten Stift. Zeichnen Sie ein Quadrat, das Sie in neun Kästen, drei Dreierreihen, unterteilen. Beschriften Sie die Kästen wie oben angegeben.

Dann nehmen Sie sich ein normales Blatt Papier und skizzieren die Pläne Ihres Gebäudes – nur die Umrisse mit Wänden und Türen aus der Vogelperspektive genügen. Falls Sie Teile eines Hauses vermieten, zeichnen Sie nicht das ganze Haus, sondern nur den Bereich, in dem Sie leben.

Als Nächstes drehen Sie die Papierzeichnung so, dass der Vordereingang Ihres Hauses, Ihrer Wohnung oder Ihres Zimmers am unteren Blattrand ist, als würden Sie vor ihm stehen und wären im Begriff hineinzugehen. Der Vordereingang entscheidet über die Positionierung der Bagua, denn hierdurch kommen die Energie wie die Menschen in Ihr Zuhause.

Einige Beispiele:

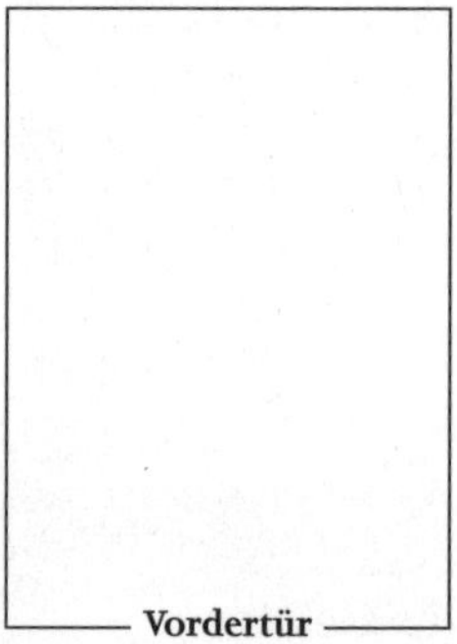

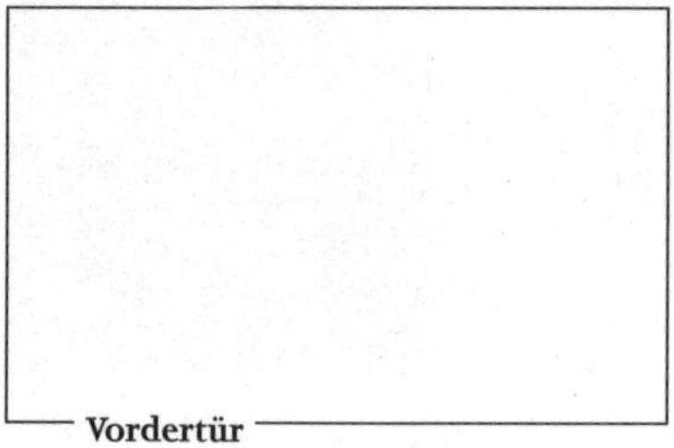

Planbeispiele
für rechteckige Gebäude
oder Räume

(Ein besonderer Hinweis an Iren und sonstige Bewohner außergewöhnlich freundlicher, offener Gegenden: Falls Sie, Ihre Familie, Ihre Besucher und der Postbote die Hintertür als Eingang benutzen, dann nehmen Sie diese Tür als Ausgangspunkt für die Bagua!)

Der nächste Schritt ist, die Mitte Ihres Hauses festzulegen, damit Sie das Bagua-Raster richtig über die Pläne legen und ablesen können, wo welche Lebensbereiche in dem Gebäude sind. Ist das Haus quadratisch oder rechteckig geschnitten, ist es einfach. In dem Fall zeichnen Sie bloß Diagonalen von Ecke zu Ecke, um den Mittelpunkt zu bestimmen, auf den Sie dann den Mittelpunkt der Bagua legen. Das Bagua-Raster ist elastisch und passt sich auch rechteckigen Umrissen an.

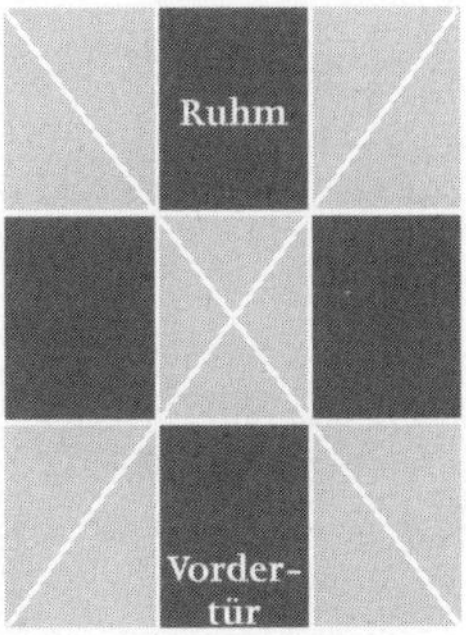

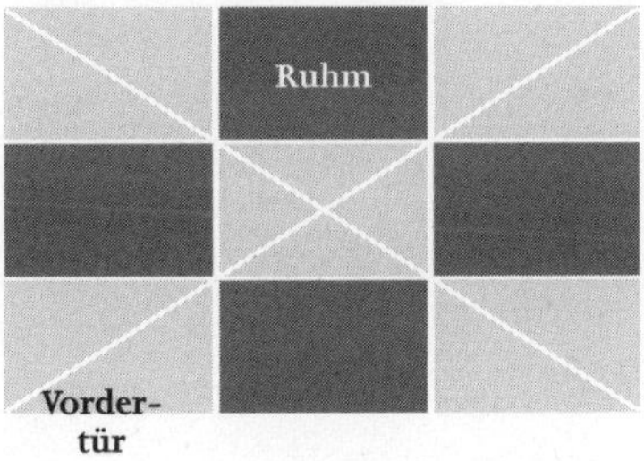

Das Zentrum eines Gebäudes oder Raumes ermitteln und ins Bagua-Raster einzeichnen

Haben Sie keinen rechteckigen Grundriss, müssen Sie ihn zunächst auf Rechteckform erweitern, bevor Sie die Diagonalen einzeichnen und den Mittelpunkt festlegen können, über dem Sie die Bagua-Mitte ansetzen.

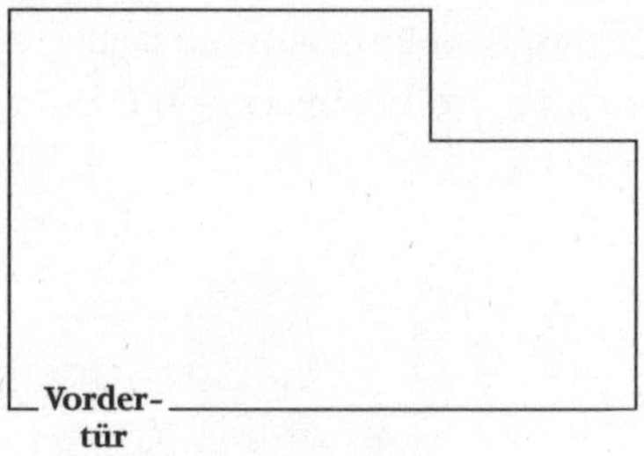

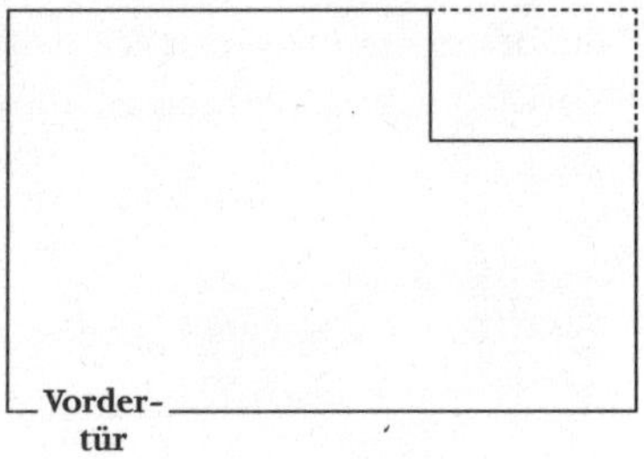

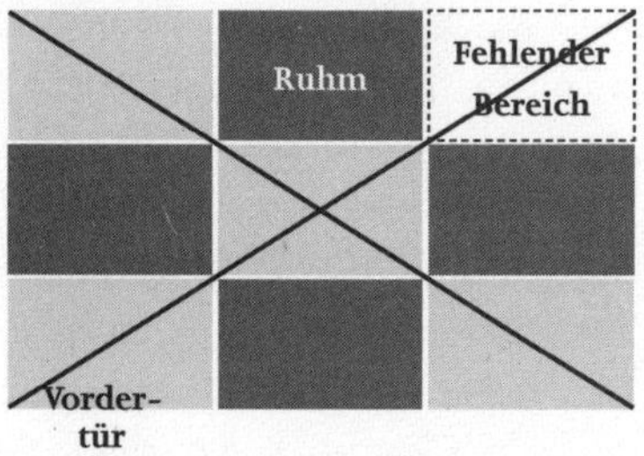

Bei nicht rechteckigen Gebäuden oder Räumen füllen Sie den fehlenden Bereich aus, um die Raummitte festzustellen, und zeichnen dann die Bagua ein

Baguas innerhalb Baguas

Hier wird es noch spannender. Baguas lassen sich nicht nur auf das Gebäude als Ganzes anwenden, es gibt auch eine größere für das Land, auf dem das Haus steht (richten Sie das Raster nach dem Haupteingang zum Grundstück aus), und eine kleinere für jeden einzelnen Raum (hier setzt das Raster bei der Zimmertür an).

Somit dürften sich alle Ideen erledigt haben, die Ihnen vielleicht kamen, Ihr Gerümpel heimlich in einen Schuppen ganz hinten in Ihrem Garten zu verfrachten. Ein Sperrmüllschuppen in der hintersten linken Ecke Ihres Grundstücks sabotiert Ihre Finanzen, einer in der hintersten rechten belastet Ihre Beziehungen, einer hinten in der Mitte kann Ihrer Reputation schaden und so fort. Sie können Ihr Gerümpel nirgends hinräumen, wo es sich nicht auf Sie auswirkt!

Gerümpel und die Bagua

Probieren Sie jetzt eine simple Übung. Denken Sie an einen Schrank in Ihrem Zuhause, der randvoll mit Krimskrams ist – und das schon so lange, dass Sie gar nicht mehr wissen, was überhaupt dadrin ist. Dieser Schrank entspricht einem Teil von Ihnen, und zwar jenem, dem Sie sich so entfremdet haben, dass Sie nicht mehr wissen, was genau in ihm vorgeht. Um herauszufinden, was das sein könnte, ermitteln Sie erst einmal, wo im Bagua-Raster Ihres Hauses der Schrank steht und wo im einzelnen Raumraster. Falls es ein Zimmer ist, das Sie oft benutzen, ist dies die wichtigste Bagua für Sie. Wenn nicht, sehen Sie sich einfach die Haus-Bagua an.

Die neun Bereiche der Bagua

Wie im Folgenden beschrieben, haben die Bereiche der Bagua mehrere unterschiedliche Namen. Sie dienen dazu, dass Sie die Ebenen und Energiefrequenzen besser begreifen, auf die sich die einzelnen Bereiche beziehen. Suchen Sie sich einfach die Namen aus, die Sie am ehesten ansprechen.

Wohlstand, Vermögen, Reichtum
Gerümpel in diesem Bereich blockiert Ihren Geldfluss, bringt Ihre finanzielle Gesamtsituation zum Stagnieren und macht es Ihnen sehr schwer, Reichtum in Ihrem Leben zu schaffen.

Ruhm, Ruf, Erleuchtung
Ist dieser Bereich vollgerümpelt, kann das Ihre Reputation angreifen und Ihre Beliebtheit. Enthusiasmus, Leidenschaft und Inspiration werden ebenfalls geschwächt.

Beziehungen, Liebe, Ehe
Ein blockierter Beziehungsbereich kann die Ursache sein, weshalb Sie nur schwer eine Beziehung finden oder Probleme in einer bestehenden haben. Was Sie bekommen, ist nicht das, was Sie wollen.

Familie, Respektspersonen, Gemeinde
Diese Art Gerümpel sorgt für Probleme mit Vorgesetzten, Autoritätspersonen und Eltern wie auch innerhalb Ihrer Familie oder Ihrer Gemeinde.

Gesundheit, Einheit, Wohlergehen
Hier kann Gerümpel gesundheitsschädigende Folgen haben. Überdies fehlt Ihrem Leben ein sinnvoller, zentraler Fokus.

Kreativität, Nachwuchs, Projekte
Ist dieser Bereich vollgerümpelt, stellen Sie wahrscheinlich kreative Blockaden fest, haben Mühe, Projekte erfolgreich abzuschließen, sowie Probleme in Ihren Beziehungen zu Kindern oder Leuten, für die Sie arbeiten.

Wissen, Weisheit, Selbstverwirklichung
Krempel in diesem Quadrat schränkt Ihre Fähigkeit ein, zu lernen, weise Entscheidungen zu fällen und sich selbst zu verwirklichen.

Die Reise, Beruf, Lebensweg
Wenn Sie hier Gerümpel horten, kann es Ihnen vorkommen, als wäre das Leben ein ständiger Kampf. Sie haben das Gefühl, Sie stecken im Hamsterrad und tun nicht, was Sie eigentlich wollen, und wahrscheinlich wissen Sie nicht einmal, was Ihre wirklichen Wünsche sind.

Gute Freunde, Mitgefühl, Reisen
Gerümpel in diesem Bereich blockiert den Fluss von Unterstützung in Ihrem Leben, sodass Sie sehr oft den Eindruck haben, «alles allein machen zu müssen». Zudem hemmt es Reise- oder Umzugspläne.

Die Bagua-Prüfung

Ich selbst bin bekannt dafür, äußerst skeptisch zu sein, weshalb ich Ihnen unbedingt empfehlen möchte, diese Informationen auf die Probe zu stellen, ehe Sie sie glauben. Eine Methode wäre, dass Sie einen der Bagua-Bereiche wählen, in dem Ihr Leben gerade gut läuft, einen ganzen Berg Gerümpel dort hinschleppen, ihn ein paar Monate dalassen und abwarten, was passiert. Ich habe das einmal gemacht, und es war eine totale Katastrophe!

Produktiver und meiner Meinung nach definitiv ratsamer wäre, sich einen Bereich auszusuchen, in dem es zurzeit nicht so glorreich läuft, und den entsprechenden Bagua-Bereich zu entrümpeln. Nehmen wir beispielsweise an, dass Sie sich allgemein wenig unterstützt fühlen. Sie müssten dann jedes Gerümpel aus dem Gute-Freunde-Bereich Ihres Gartens entfernen, sofern Sie einen haben, aus demselben Bereich in Ihrem ganzen Haus sowie aus dem in jenen Zimmern, in denen Sie die meiste Zeit verbringen. Sollten sich irgendwo hier Plätze finden, die aus irgendwelchen Gründen nicht erreichbar sind (etwa weil in dem Teil des Hauses ein Untermieter wohnt), müssen Sie in den übrigen Bereichen besonders gründlich vorgehen.

Natürlich ist es das Beste, Ihr gesamtes Gerümpel wegzuschaffen, egal, wo es sich angehäuft hat. Das hilft all Ihren Lebensbereichen gleich gut.

Im nächsten Kapitel geht es um das Erkennen bestimmter Typen von Gerümpel. Dort sehen wir uns auch die Bereiche an, in denen es sich am ehesten ansammelt.

9 Gerümpelzonen im Haus

Stellen Sie sich Ihr Zuhause als eine dreidimensionale Graphikdarstellung Ihres eigenen Lebens vor. Falls Sie es mit anderen teilen, möchten Sie vielleicht einwenden, Ihr Zuhause spiegele eher deren Leben als Ihres, vor allem, wenn die anderen in der Überzahl sind. So leicht kommen Sie allerdings nicht davon. Alles um Sie herum ist eine Spiegelung Ihrer selbst, und das bezieht sich nicht bloß auf Ihr Haus, sondern auch auf andere Menschen, die in ihm wohnen, und auf das, was sie dort schaffen.

Dieses Kapitel widmet sich den Bereichen, in denen sich Gerümpel besonders gern sammelt, und wie es sich auf Sie auswirkt.

Keller, Dachböden und Abstellkammern

Keller und andere Arten von Lagerräumen unterm Haus

Ihr Untergeschoss oder Keller steht für Ihre Vergangenheit wie für Ihr Unterbewusstsein. Ein vollgerümpeltes Untergeschoss entspricht unbewältigten Problemen aus der Vergangenheit, die oft sehr schwergewichtig sind. (Menschen neigen dazu, ihr schwerstes Gerümpel im Keller zu lagern.) Wie lange es sich schon dort befindet, verrät Ihnen, wie lange Sie schon aufgeschoben haben, sich um das zu kümmern, was der Kram symbolisch darstellt. Und vergessen Sie nicht, zu der Zeit jene hinzuzuaddieren, in der all die Sachen nicht benutzt wurden, bevor Sie sie nach unten verbannt haben.

Lassen Sie Dinge lange genug in Ihrem Keller, stehen die Chancen gut, dass Schimmel, Mäuse, Feuchtigkeit, Pilze oder andere natürliche Erlöser Ihnen helfen, sich für eine Entsorgung zu entscheiden. Und wie wirken sich diese Prozesse auf Ihr Leben aus? Nun, Hoffnungslosigkeit, Deprimiertheit, Lethargie, Ziellosigkeit oder Schwerfälligkeit sind nur einige der bedauerlichen Nebenwirkungen von unterirdischem Gerümpel.

Natürlich dürfen Sie Ihren Keller benutzen, um etwas zu lagern, aber Sie sollten regelmäßig durchsehen, was dort unten ist, und nur aufbewahren, was Sie hin und wieder tatsächlich benutzen. Und lassen Sie es nicht so viel werden, dass Luft und Energie nicht mehr zirkulieren können.

Dachböden

Dinge, die auf Ihrem Dachboden lagern, können Ihre Selbstentfaltung und Ihr Streben nach Höherem behindern. Sie erdrücken sich selbst, wenn Sie sich unnötige Einschränkungen auferlegen. Sie neigen infolgedessen dazu, sich mit mehr Zukunftssorgen zu plagen als andere, als würden Probleme über Ihnen schweben, jederzeit bereit, auf Sie herabzustürzen. Viele Leute schrieben mir, nachdem sie ihre Dachböden entrümpelt hatten, was für eine große Wirkung es auf sie hatte.

«Ich brauchte eine Woche, den Dachboden aufzuräumen, aber es fühlte sich phantastisch an, und ich brumme vor Energie.»

«Ich hatte Andenken aus über vierzig Jahren auf meinem Dachboden – alte Liebesbriefe, Fotos, Schmuckstücke und Souvenirs. Die sammelten dort einfach nur Staub an und hielten die Mäuse bei Laune. Ich habe alles rausgeworfen und meinen Dachboden in

ein Atelier umgestaltet, das inzwischen mein Lieblingsraum im Haus ist. Meine neuentdeckte Kreativität macht mir unglaublich viel Spaß.»

«Ich hatte eine Beratung bei Ihnen gebucht, weil mein Geschäft vor mehreren Jahren einbrach und ich hoffte, Sie könnten ihm mit Ihrem Feng Shui wieder auf die Sprünge helfen. Zuallerletzt hätte ich erwartet, dass Sie mir raten würden, meinen Dachboden zu entrümpeln. Und ich muss zugeben, dass ich es von mir aus nicht gemacht hätte. Aber meine Frau überredete mich schließlich dazu, und ich wollte Ihnen nur sagen, dass es genauso war, wie Sie gesagt hatten – als hätte jemand den Deckel von meinem Geschäft genommen. Es brachte einen vollkommenen Neustart, und das auf ungeahnte, aufregende Weise, als wäre ein Traum wahr geworden.»

Abstellkammern

Hoffentlich kann das Kapitel über die Bagua Sie endgültig von dem Wunsch kurieren, je wieder eine zu haben. Die dunkle Energie, die von Abstellkammern ausgeht, ist ganz und gar nicht wünschenswert und kann alle Aspekte Ihres Lebens, mit denen sie verbunden ist, richtig übel beeinflussen. Falls Ihre Umstände erfordern, dass Sie unbedingt noch eine Weile eine solche Kammer brauchen, dann säubern und ordnen Sie wenigstens alles, was darin ist.

Kramschubladen

Was ich nun sage, wird Sie vielleicht überraschen. Mein Rat ist nämlich: Sie sollten eine haben. Bestimmen Sie eine Schublade, in die Sie Sachen einfach hineinwerfen können. Und wenn Sie in einem großen Haus wohnen, brauchen Sie vielleicht sogar eine auf jedem Stockwerk.

Bei dieser ganzen Ausmisterei dreht sich nicht darum, dass Sie nachgerade obsessiv ordentlich werden. Vielmehr streben wir an, dass Sie mit Ihren Sachen so umgehen, dass die Energie in Ihrem Zuhause lebendig und fließend ist, statt dumpf und stagnierend. In unserer geschäftigen Welt brauchen wir bisweilen die wunderbare Erleichterung, einfach eine Schublade aufziehen und all den Kram hineinstopfen zu können, der herumliegt. Also bitte, unterhalten Sie eine Kramschublade, und befolgen Sie die folgenden drei Regeln:

1. Wählen Sie eine kleine Schublade.
2. Nutzen Sie sie sparsam.
3. Räumen Sie sie regelmäßig auf.

Eingänge, Türen und Durchgänge

Ihr Haupteingang

Im Feng Shui steht der Haupteingang zur Wohnung für unseren Zugang zur Welt und zu unserem Leben. Genauso wie Leute durch diese Tür hereinkommen und hinausgehen, tut es auch die Energie. Ist dieser Bereich vollgerümpelt, kann er den Fluss der Möglichkeiten behindern, die zu Ihnen kommen, wie er auch Ihr aktives Hinausgehen in die Welt erschwert. Folglich ist es sehr wichtig, dass Sie diesen Bereich frei halten. Gerümpel in Nähe des Haupteingangs beschert Ihnen unnötige Kämpfe im Leben.

Das nächste Mal, wenn Sie zur Vordertür in Ihr Haus hineingehen, nehmen Sie sich einmal die Zeit, den Bereich objektiv anzuschauen. Ist der Zuweg von herunterhängenden Zweigen oder überwachsenen Pflanzen versperrt? Steht Kram vor der Tür oder sichtbar vom Zuweg aus, wenn Sie das Gebäude betreten oder verlassen? Müssen Sie sich beim Eingang den Weg um Massen von aufgehängten Mänteln – fünf übereinander –, hingeworfenen Schuhen, Mützen, Handschuhen, Schals und sonstigem Beiwerk bahnen? Räumen Sie diesen Bereich auf, bis er so gerümpelfrei wie möglich ist, und sorgen Sie vor allem dafür, dass sich nichts hinter der Tür ansammelt, damit man sie immer weit öffnen kann.

Ihre Hintertür

Stellen Sie sich vor, Ihre Vordertür wäre der Mund, durch den Dinge hineinkommen; demnach wäre Ihre Hintertür ... (da kommen Sie von selbst drauf). Soll Ihr Zuhause nicht verstopfen, dürfen Sie auch hier kein Gerümpel ansammeln.

Hinter den Türen

Eine ziemliche einfache Methode, Feng Shui auf die Probe zu stellen, ist die, durchs Haus zu gehen und alles Gerümpel hinter den Türen wegzuräumen. Dazu gehören auch Sachen, die an Haken oder Türknäufen hängen (Bademäntel, Handtücher, Taschen ... Sie dürfen die Liste beliebig fortsetzen), sowie alles, was verhindert, dass sich die Tür ganz öffnen lässt (Möbel, Wäschekörbe etc.). Achten Sie darauf, wie viel leichter Ihr Leben wird. Das ist ganz simpel und überaus effektiv. Wenn Ihre Türen sich nicht ganz öffnen lassen, kann die Energie in Ihrem Haus auch nicht frei fließen, womit alles, was Sie tun, mehr Mühe kostet. Beseitigen Sie die Hindernisse, und nicht nur die Energie fließt leichter, sondern auch Ihr Leben.

Flure

Gerümpel in Fluren, Durchgängen und auf Treppen behindert den freien Fluss lebensbringender Energie in Ihrem Zuhause, also trödelt Ihr Leben eher, als dass es losstürmt. Die schlimmste Sorte ist Gerümpel, bei dem Sie sich verrenken müssen, um daran vorbeizukommen. Solche Bereiche müssen Sie so frei wie möglich halten.

Wohnbereiche

Das Wohn-/Fernseh-/Familienzimmer

Das variiert von Haus zu Haus. Manche Bereiche werden peinlich sauber gehalten, ordentlich und gerümpelfrei, sodass sie allzeit vorzeigbar sind, sollten Besucher kommen. Andere sehen dauernd aus, als wäre gerade ein Wirbelsturm durchgetobt. Wichtig ist, dass Ihr Zuhause ein «Herz» hat, wo sich die Leute naturgemäß hingezogen fühlen, um dort Zeit miteinander zu verbringen. Selbst wenn Sie allein leben, muss es einen Raum geben, in dem Sie mit sich selbst zusammen sein mögen. Ein Haus ohne Herz ist kein Zuhause.

Manchmal wird das Wohn- oder Familienzimmer zu einem Sammelpunkt von Energie; es kann aber auch der Küchentisch oder das Esszimmer sein. Wo auch immer, es ist wichtig, dass die Energie hier nicht allzu rasch durch den Raum rauscht. Sie braucht Zeit, um sich zu sammeln und sich der Umgebung anzupassen, ehe sie weiterzieht. Dies ist mithin einer der Orte, an dem ein paar wohlplatzierte Dekorationsgegenstände erwünscht sind, um Energie zu verankern und eine heimelige Atmosphäre zu schaffen. Gestalten Sie diesen Bereich möglichst einladend; und es ist besonders wichtig, dass Sie hier einen attraktiven Mittelpunkt haben, der für die Menschen, die dort leben, symbolisch relevant und inspirierend ist. Haben Sie jedoch zu viel Kram, wird das Herz Ihres Hauses stagnieren, also ist es wichtig, dass Sie die Balance hinbekommen.

Die Küche

Was lauert in Ihren Küchenschränken? Ein Mann, der zu einem meiner Workshops kam, erzählte der Gruppe, nachdem er mein Buch gelesen hatte, hätte er beschlossen, sich durch die ganzen Vorräte zu essen und nicht wieder einkaufen zu gehen, ehe sie nicht aufgebraucht waren. Wie er sagte, konnte er acht Wochen davon leben, bis er bei zehn Dosen mit Essen angekommen war, das er nicht mochte. Die warf er weg und ging zum ersten Mal wieder einkaufen.

Räumen Sie mal richtig aus, all Ihre Küchenschränke, und vergessen Sie Ihren Kühlschrank und die Tiefkühltruhe nicht!

Schlafzimmer

Dinge, die nicht ins Schlafzimmer gehören

Ist Ihr Schlafzimmer die Halde für alles, was Sie woanders nicht unterbringen können? Falls ja, behandeln Sie sich selbst wie einen Menschen zweiter Klasse. Es ist alles andere als gut, Computer, Fahrradtrimmer, Elektrogeräte, die den Geist aufgegeben haben, oder sonstige unansehnliche Gegenstände in Ihrem Schlafbereich anzuhäufen. Gerümpel im Schlafzimmer ist ein echtes Tabu, für Kinder wie Erwachsene gleichermaßen.

Auch für diejenigen, die romantisch veranlagt sind, ob Single, suchend oder bereits in einer Beziehung, sei betont, dass es sich mit Zinseszins auszahlt, das Schlafzimmer sauber und gerümpelfrei zu halten. Muffige Energie entsteigt schmutziger Wäsche, weshalb nie ein Wäschekorb im Schlafzimmer stehen sollte, und sorgen Sie dafür, dass Ihre Bettwäsche mindestens einmal wöchentlich gewechselt wird, damit Ihre Energie frisch und vital bleibt. Auf die Weise verbessern Sie nicht bloß Ihren Schlaf, sondern auch Ihr Liebesleben.

Unter Betten

Alles in Ihrem Energiefeld beeinflusst Ihren Schlaf. Deshalb sollten Sie der Versuchung widerstehen, Dinge unter Ihrem Bett aufzubewahren. Falls Sie eine dieser Unterbettschubladen besitzen, bewahren Sie am besten frische Bettwäsche, Handtücher und Kleidung darin auf.

Kommodenoberflächen

Es ist eine interessante und wenig bekannte Tatsache, dass bei Leuten, die viele Fläschchen und Behälter auf ihren Schlafzimmerkommoden haben, die meisten davon fast leer sind. Gucken Sie mal bei sich nach!

Halten Sie die Oberflächen in Ihrem Schlafzimmer so sauber und leer, wie Sie können, damit die Energie ungehindert und harmonisch fließen kann.

Auf den Kleiderschränken

Kram, der auf Kleider- oder sonstigen Schränken gelagert wird, ist wie Probleme, die über Ihnen schweben und darauf warten, dass Sie sich ihrer annehmen. Er lähmt Ihre Fähigkeit, klar und neu zu denken, und wenn er das Erste ist, was Sie beim Aufwachen sehen, werden Sie eher schleppend wach werden. Ist vieles von Ihrem Gerümpel in Ihrem Zuhause über der Augenhöhe gestapelt, wird es eine insgesamt erdrückende Wirkung haben und Ihnen eventuell Kopfschmerzen verursachen.

In den Kleiderschränken

Die meisten Leute tragen ungefähr 20 Prozent ihrer Kleidung in 80 Prozent ihrer Zeit. Falls Sie Zweifel haben, testen Sie es mal einen Monat lang: Jedes Mal, wenn Sie etwas getragen und dann gereinigt haben, hängen Sie es an ein Ende Ihres Kleiderschranks. Am Ende des Monats werden Sie feststellen (es sei denn, Sie haben bewusst

Ihre Gewohnheiten geändert, um diese Übung zu torpedieren, oder einen Job, der verlangt, dass Sie Ihr Outfit häufiger wechseln), dass Sie die meiste Zeit dieselben Sachen anziehen.

Und dieses 80-zu-20-Muster lässt sich nicht nur auf Ihre Kleidung anwenden. Es gilt ebenso für alles andere, was Sie besitzen, wie auch für die meisten Aktivitäten im Leben. Wir alle erzielen 80 Prozent unserer Resultate mit 20 Prozent unserer Bemühungen. (In der Wirtschaftswelt ist das Phänomen unter dem Namen «Pareto-Prinzip» geläufig, benannt nach einem italienischen Ökonomen, der es erstmals errechnete.) Desgleichen benutzen wir zu 80 Prozent 20 Prozent unseres Besitzes.

Wenn Sie also Ihren Kleiderschrank entrümpeln wollen, teilen Sie den Inhalt zuerst ehrlich in die 20 Prozent, die Sie mögen, und die 80 Prozent, die bloß Platz wegnehmen. Danach wird es sehr viel einfacher, sich von den überschüssigen Sachen zu trennen.

Beim Durchsortieren des 80-Prozent-Haufens ist es klug, sich vorher über die Kriterien klar zu sein, nach denen Sie entscheiden, was bleibt und was geht. Eine sehr gute Investition ist hier eine professionelle Farbberatung, die Ihnen verrät, welche Farben Ihre Energie anregen und welche das Gegenteil tun. Zum Abschluss einer solchen Beratung erhalten Sie einen Satz Musterfarben, in denen Sie ganz gewiss gut aussehen und sich wohlfühlen, was für Ihr Selbstwertgefühl wahre Wunder bewirkt. Und es hilft, mindestens 50 Prozent der überschüssigen Kleidung auszusortieren und auf immer zu verbannen, weil auf einmal offensichtlich ist, dass Sie sowieso nie gut für Sie war.

Als Nächstes probieren Sie jedes Teil des verbleibenden Haufens an und achten darauf, wie Sie sich fühlen. Wenn Ihnen Form, Material, Schnitt oder Sonstiges nicht gefallen, sortieren Sie es aus. Sie sind es sich schuldig, eine Auswahl von Kleidung zu haben, die Sie wirklich lieben, damit Sie nie wieder einen zum Bersten vollen Kleiderschrank öffnen und stöhnen: «Ich habe überhaupt nichts anzuziehen!»

Entscheiden Sie bewusst, nie wieder etwas zu kaufen, das nicht so ganz das ist, was Sie wollen, denn nun wissen Sie ja, dass es in dem 80-Prozent-Haufen endet und Sie bloß Ihr Geld verschwendet haben. Beschließen Sie, nur noch solche Sachen zu kaufen, die Sie richtig mögen und die gut an Ihnen aussehen. Und wenn das heißt, drei tolle Outfits zu kaufen, die ein bisschen mehr kosten als zehn billigere, weniger tolle, dann ist es eben so. Und, ja, ich rate Ihnen, es auch dann zu tun, wenn Sie knapp bei Kasse sind. Sie sollten es sich zum Prinzip machen, immer gut auszusehen und sich wohlzufühlen. Das ist die beste Methode, Ihre Energie zu steigern und Wohlstand anzuziehen.

Manche Menschen behalten Kleidungsstücke, die sie über zwanzig Jahre nicht getragen haben. Sie sagen, wenn sie sie nur lange genug aufbewahren, kommen sie irgendwann wieder in Mode. Mein Rat ist, was Sie im letzten Jahr nicht getragen haben und erst recht alles, was Sie die letzten zwei oder drei Jahre nicht anhatten, sollten Sie wegwerfen, verkaufen, tauschen oder verschenken. Innerhalb eines Jahres machen Sie alle Jahreszeiten durch, und falls Sie in der ganzen Zeit nicht das Bedürfnis hatten, ein bestimmtes Kleidungsstück zu tragen, dann hat es seine Chance gehabt. Sind zwei oder drei Jahre vergangen, in denen Sie es nicht angezogen haben, ist eindeutig der Punkt erreicht, an dem Sie es loslassen sollten.

Vielleicht hilft es Ihnen, wenn Sie verstehen, warum diese Kleidungsstücke nie wieder passend für Sie sein werden. So wie wir die Wände in unserem Haus gestalten, wählen wir auch Farben, Materialien und Schnitte, die unsere eigenen Energieschwingungen spiegeln. Zum Beispiel machen Menschen Farbphasen durch. Vor Jahren gab es eine Zeit, in der mein gesamter Kleiderschrank violett mit ein paar grünen, blauen und türkisen Stücken war, aber vor allem trug ich Violett. Als mich eine Freundin auf Bali besuchen kam, erkannte sie mein Haus schon allein an den Unmengen violetter Wäsche draußen auf der Leine! Zu jener Zeit förderte ich Violett in meiner Energie, was mit der Wiedergewinnung meiner Kraft und dem Fördern von Wohlstand zu tun hatte. Heute habe ich diese Farbe in mich aufgenommen, weshalb ich sie kaum noch trage.

Die meisten Leute haben einige Stücke in ihrem Kleiderschrank, die sie gekauft, einmal getragen und danach nicht wieder angefasst haben. Hier ist Folgendes passiert: Sie sind eines Tages einkaufen gegangen, und Ihnen fiel etwas ins Auge, sagen wir ein Stück in Orange mit großen violetten Punkten. Sie haben es anprobiert und fanden, dass es phantastisch an Ihnen aussah, also haben Sie es gekauft. Nun waren Sie an dem bestimmten Tag emotional ein wenig aus dem Gleichgewicht, sodass die Farben in Ihrem Energiefeld sich in Orange mit violetten Einsprengseln oder komplementäre Töne veränderten. Deshalb sah das Kleidungsstück super aus. Am nächsten Tag jedoch war diese emotionelle Stimmung verschwunden, Ihr Energiefeld wieder zu seinen üblichen Farben zurückgekehrt, und das Kleidungsstück sah nicht mehr so klasse an Ihnen aus (was es für andere auch gestern nicht tat!). Nun warten Sie, dass der Zyklus sich wiederholt, aber der ist (zum Glück) sehr selten oder kehrt überhaupt nicht wieder. Der Trick ist, nie einkaufen zu gehen, wenn Sie sich emotional aus dem Gleichgewicht fühlen. Trostkäufe sind ein sicherer Weg, mit einem Kleiderschrank voller Sachen zu enden, die Sie niemals anziehen.

Manche Leute hängen an Sachen, die ihnen zu klein sind, weil sie vorhaben abzunehmen, damit sie sie wieder anziehen können. Das geschieht äußerst selten. Werfen Sie all die Sachen weg und gehen Sie sich etwas kaufen, in dem Sie gut aussehen und sich wohlfühlen, wie Sie jetzt sind. Und wissen Sie, was dann normalerweise passiert? Sie nehmen ab. Nennen Sie es Murphys Gesetz, wenn Sie wollen, aber es funktioniert, und der Grund ist, dass Sie aufgehört haben, sich gegen Ihre fülligere Figur zu wehren. Sie haben beschlossen, sich genau so zu mögen, wie Sie sind, statt abzuwarten, bis Sie dünner werden. Wogegen wir uns sträuben, das bleibt, und hören wir auf, uns zu widersetzen, verschwindet es.

Badezimmer

Manche Badezimmer sind bis unter die Lampenschnur voll mit Geräten und Schönheits- und Pflegeprodukten auf Regalen, Fensterbänken, Toilettenkästen, am Wannenrand, neben dem Waschbecken, auf dem Fußboden und überall, wo Platz ist. Das macht es sehr viel schwieriger, die unvermeidlichen Ränder zu säubern, die all die Sachen zwangsläufig hinterlassen, und schafft eine chaotische, wirre Atmosphäre in einem Bereich, der möglichst ruhig und friedlich sein sollte. Menschen mit einem gerümpelfreien Bad fallen die besten Ideen (und auch ihre schönsten Lieder) in der Wanne oder unter der Dusche ein. Optimal sind Schränke, die draußen wie drinnen sauber und gut sortiert sind.

Garagen und Carports

Das Paradies der Kramhorter! Ein Superplatz, um Ersatzteile für Autos aufzuheben, die Sie gar nicht mehr besitzen, Möbelstücke, die Sie nicht mehr benutzen, Kisten mit Kram, den Sie noch nie mochten, sowie alles andere, was Sie nicht ins Haus gequetscht bekommen. Der überzeugte Horter lässt seinen teuren Wagen gern bei Wind und Wetter draußen stehen, damit es sein wertloses Gerümpel warm und trocken hat. Ich kenne sogar Familien, die aus einem Haus mit einer angebauten Garage in eines mit zwei Garagen umgezogen sind, weil sie zusätzlichen Stauraum für ihr Gerümpel brauchten.

Garagen können durchaus zur Aufbewahrung genutzt werden, allerdings nur für Sachen, die Sie benutzen und mögen. Eine saubere, aufgeräumte Garage kann höchst befriedigend sein.

Autos

Bei den meisten Leuten verrät der Wagen sehr viel über ihren wahren Gerümpelzustand. Wenn Sie alles Gerümpel in Ihrem Haus ausgeräumt haben, aber nach wie vor knietief im Sperrmüll herumfahren, haben Sie noch einiges zu tun!

Ihr Auto ist wie eine eigene kleine Welt. Entschuldigen Sie sich jedes Mal beschämt, wenn Sie jemanden mitnehmen? Wie oft in der Woche denken Sie: «Dieser Wagen könnte echt mal eine gründliche Innenreinigung vertragen»? Wann immer Sie daran denken, sinkt Ihre Energie, bis es Sie letztlich mehr Energie gekostet hat, nichts zu tun, als hätten Sie einfach die Ärmel hochgekrempelt und sich an die Arbeit gemacht. Sie wissen, wie gut es sich anfühlt, wenn der Wagen frisch gereinigt und aufgeräumt ist. Also gönnen Sie es sich doch!

Tragbares Gerümpel

Ich spreche hier von Handtaschen, Brieftaschen, Aktentaschen, Hosentaschen und so weiter. Falls Sie sich jetzt fragen, ob ich tatsächlich praktiziere, was ich sage, oder bloß Bücher schreibe, in denen ich anderen erzähle, was sie tun sollen: Als ich am ursprünglichen Text dieses Buches arbeitete, besuchte ich Freunde, deren zweijähriges Kind beschloss, dass die Gästehandtasche inspiziert werden müsste. Alles kam zutage, Stück für Stück, während Mutter und Vater der Kleinen begeistert zusahen. Anscheinend wühlte das kleine Mädchen sehr gern in Handtaschen der Besucher und hatte auf diese Weise schon reihenweise Frauen in tiefste Peinlichkeit gestürzt. Ich versichere Ihnen, es fühlt sich wunderbar an, sich entspannt zurückzulehnen und alles mit Freude anstatt mit Scham zu beobachten. Die

Eltern jedenfalls, die darauf gefasst gewesen waren, sich entschuldigen zu müssen, verliehen mir am Ende den Preis für die ordentlichste Handtasche, die sie je gesehen hatten. Natürlich ist sie nicht immerzu makellos aufgeräumt, aber grundsätzlich sehe ich keinen Sinn darin, eine Mülltüte überall mit mir herumzutragen. Deshalb ist regelmäßiges Aussortieren für mich ebenso selbstverständlich wie Wäschewaschen.

Eine Anmerkung zu nationalen Unterschieden

Mir ist aufgefallen, dass Gerümpelzonen von Land zu Land variieren. In Australien neigen die Leute beispielsweise dazu, Garagen oder Abstellräume unter dem Haus zu haben, sodass sie dort ihr Gerümpel horten. In England sind Dachböden und Keller sehr beliebt. In Irland füllen sie vorzugsweise Schuppen und Anbauten, und die Amerikaner lagern ihr Gerümpel schlicht ÜBERALL!

10 Sammlungen

Die meisten Menschen sammeln irgendetwas. Weniger einfallsreiche wählen Fingerhüte, Teelöffel, Streichholzschachteln, Telefonkarten, Bierdeckel und Briefmarken, während die exzentrischeren sich auf Andenken von verstorbenen Popstars, antike Auspuffrohre, Nähmaschinenteile, Katzenschnurrhaare und dergleichen verlegen (ja, ich bin tatsächlich Leuten begegnet, die solche Sachen sammeln). Allseits beliebt sind auch Dekorationsgegenstände in Tierformen. Begehrt sind hier vor allem Katzen, Hunde, Frösche und Enten, aber auch lokale Varianten wie Kängurus und Koalas in Australien, Elefanten, Tiger und Drachen für die eher orientalisch Gestimmten und so fort.

Ein paar niedliche Kätzchen auf dem Kaminsims sind eine Sache, aber solche Sammlungen geraten leicht außer Kontrolle. Bald gibt es Katzenfiguren in jedem Zimmer, Katzenbilder an sämtlichen Wänden, Katzen auf den Geschirrhandtüchern, den Tischsets, Teetassen und T-Shirts. Bei einem Workshop in Südirland sprach ich das Thema einmal an. Nach einer Weile konnte eine Frau in der ersten Reihe nicht mehr an sich halten und platzte mit dem öffentlichen Geständnis heraus, dass sie über zweitausend Dekofrösche in ihrem Haus hatte. «Sogar meine Haustür ist ein riesiger geschnitzter Frosch!», rief sie mit solchem Pathos aus, dass das Publikum in hysterisches Gelächter verfiel.

Also warum sammeln Leute? Bei genauem Überlegen stellen manche fest, dass ihre Begeisterung für das Objekt, das sie sammeln, in der Kindheit begann. Bei anderen war es ein Geschenk, dem weitere von wohlmeinenden Freunden und Verwandten folgten. Wie auch immer, wenn wir uns veranlasst fühlen, etwas Bestimmtes zu sammeln oder auch nur «zufällig» zu einer Sammlung kommen, folgen wir damit dem intuitiven Drang, eine bestimmte Essenz zu sammeln, die wir für unser persönliches Wachstum brauchen. Sie entspricht einer besonderen Frequenz, die wir zur fraglichen Zeit in uns aufnehmen mussten, was vollkommen legitim ist. Nur ist Leben ein ständiger Wandel, und wir brauchen die Essenz lediglich so lange zu sammeln, wie es dauert, sie spirituell in unser Leben zu integrieren. Danach können wir unsere Aufmerksamkeit auf etwas Neues richten.

Über Tieressenzen wussten die amerikanischen Ureinwohner eine ganze Menge. Jeder Mensch hatte ein Tier-Totem, das ihm sowohl zum Schutz diente als auch eine Quelle von Kraft und Weisheit war. Stammesmitglieder bekamen oft Namen wie «Weißer Adler» oder «Tanzender Bär», und sie blieben ihr Leben lang in geistiger Übereinstimmung mit dieser Essenz.

Aber die Zeiten haben sich geändert. So wie man früher einen Mann nach seinem Gewerbe «Jakob der Schmied» oder «Johannes der Fischer» nannte (was zu Jakob Schmidt oder Hans Fischer wurde), hat sich die Geschwindigkeit, in der wir leben, inzwischen so sehr erhöht, dass ein modernes Äquivalent etwa klänge wie «Richard, der vormalige Computerprogrammierer, Taxifahrer, Biobauer und heutige Autor». Die meisten Leute können davon ausgehen, mehrere Berufe auszuüben und wahrscheinlich auch mehrere Ehen zu führen oder enge Beziehungen zu haben. Es ist fast so, als würden wir heute mehrere Leben in einem unterbringen.

Der Grund dafür liegt in den unsichtbaren Energiewelten. Wir leben in einer Zeit, in der uns höhere menschliche Entwicklungsebenen offener sind denn je. Daher ist das Letzte, was wir tun sollten, beim Froschsammeln festzustecken, während da draußen eine ganze Welt voller spannender neuer Möglichkeiten auf uns wartet.

Der Mann, der Schweine machte

Ein Mann, den ich kannte, kam aufs Schweinemachen. Alles begann damit, dass seine Mutter ein Tonschwein bei einem Trödler kaufte. Es gefiel dem Mann so gut, dass er einen Gussabdruck von dem Schwein anfertigte und es kopierte. Von Tonschweinen ging er weiter zu bemalten Porzellanschweinen. Dann schlug ihm jemand vor, ihnen Flügel anzumodellieren, weil sie dadurch interessanter aussähen, und so wurde das Flugschwein geboren. Der Mann machte einen Trödelmarktstand im eleganten Covent Garden in London auf und verkaufte seine fliegenden Schweine zu Tausenden. Er fertigte sie in unterschiedlichen Größen, und Leute kauften sie im Set, um sie an die Wand zu hängen. In der Weihnachtszeit legte er eine Extrareihe mit schlafenden Schweinen auf. Im Nachhinein sagt er, er hätte von Anfang an gespürt, dass es einen Sinn gab, brauchte jedoch achtzehn Jahre, bis er ihn erkannte und seine Leidenschaft für Schweine nicht länger auslebte. Er fand nämlich heraus, dass sein Großvater mütterlicherseits und beide Großväter der Mutter Schweineschlachter gewesen waren. Und er schätzt, dass seine 32 000 verkauften Schweine in etwa der Zahl entsprachen, die seine Vorfahren in ihrem Leben geschlachtet hatten. Nachdem die Karma-Schuld beglichen war, schloss er seinen Marktstand und zog weiter in ein neues Leben als Shiatsu-Masseur.

Die Entenfrau

Im Haus einer Frau, die mich für eine Feng-Shui-Beratung gebucht hatte, zählte ich über hundert Enten, als sie mich herumführte. «Was ist mit den Enten?», fragte ich sie, worauf sie mich entgeistert ansah. «Welche Enten?» Wir gingen noch einmal durchs Haus, und ich zeigte sie ihr. Sie war ziemlich erstaunt. Es waren Enten auf ihren Tapeten, auf die Kissen aufgestickt, als Figuren in ihrem Bad, vorn auf ihrem Nachthemd, auf ihrem Geschirr. Bei ihr herrschte die totale Ver-Entung, doch ihr war überhaupt nicht bewusst, dass es so viele waren. Noch bezeichnender war die Tatsache, dass alle Enten allein auftraten, denn ihr größtes Problem im Leben war, dass sie nie geheiratet hatte. Um es kurz zu machen: Sie nahm meinen Rat an, warf ihre Enten hinaus und fand ihren Mann!

Werden Sie nicht zum Allessammler

Die Kunst besteht darin, dass Sie verstehen, warum Sie sammeln, daraus lernen und weiterziehen. Schränken Sie sich nicht selbst ein. Machen Sie Platz, damit Neues in Ihr Leben kommen kann. Seien Sie nicht ein Leben lang ein Sammelfreak, ohne den Grund dafür zu begreifen.

Wenn es Dekorationsgegenstände in Tierform sind, die Sie sammeln, dann finden Sie am ehesten heraus, was Ihnen das Tier Ihrer Wahl bedeutet, indem sie darüber recherchieren. Erforschen Sie alles über dessen Charakter, Lebensart, besondere Talente etc. So erkennen Sie die Eigenschaften, die Sie sich unbewusst für sich selbst wünschen. Es kann eine Weile dauern, bis Sie diese Informationen so weit verinnerlicht haben, dass Sie sich wirklich bereit fühlen, Ihre Sammlung loszulassen und vorwärts zu gehen. Und selbst dann mag es Ihnen zu viel erscheinen, all Ihre Enten auf einen Schlag in den Mülleimer zu werfen. Wichtig ist, dass Sie den Prozess natürlich geschehen lassen, statt ihn zu forcieren. Also verkleinern Sie Ihre Herde schrittweise, je nachdem, was Sie sich zutrauen.

11 Papiergerümpel

Was ist an Papier so reizvoll? Allerorten wurde prophezeit, dass mit dem Einzug des elektronischen Zeitalters weniger Papier benutzt würde. In Wahrheit aber verbrauchen wir mehr Papier als jemals zuvor. Was natürlich daran liegt, dass an jedem Computer … Sie haben's erraten … ein Drucker hängt!

Und so rücken Sie einigen der hartnäckigsten Papiergerümpelarten zu Leibe:

Bücher

Das Festhalten an alten Büchern ist ein sehr weit verbreitetes Problem, vor allem unter wissbegierigen Menschen. Für viele sind ihre Bücher wie treue Gefährten: ständig da, um ihnen Gesellschaft zu leisten, ihnen Wissen zu vermitteln, sie zu inspirieren, zu unterhalten und sie auf vielfältigste Art anzuregen.

Problematisch ist das Behalten alter Bücher deshalb, weil sie uns nicht erlauben, Platz für neue Ideen und Denkweisen zu schaffen. Ihre Bücher symbolisieren Ihre Ideen und Überzeugungen, und wenn Sie zu viele von ihnen auf Ihren Bücherregalen zu Hause haben, werden Sie zu festgelegt in Ihrem Denken und entwickeln eine verstaubte Energie, ähnlich den verstaubten Büchern um Sie herum.

Bitten mich gebildete Leute zur Beratung, die Schwierigkeiten haben, einen Partner zu finden, stelle ich oft fest, dass in der Beziehungsecke des Hauses oder eines vielgenutzten Zimmers ein großes volles Bücherregal steht. Ohne etwas über Feng Shui zu wissen, stellen sie es dort auf, «weil es sich richtig anfühlt». Was zutrifft, denn ihre engste Beziehung unterhalten sie zu ihren Büchern. Solche Menschen haben auch einen ganzen Stapel Bücher neben ihrem Bett, die sie abends vorm Einschlafen lesen – wiederum als Beziehungsersatz. Indem sie das Regal umstellen oder wenigstens ein bisschen Platz darin frei räumen, schaffen sie Raum für neue Interessen und Beziehungen in ihrem Leben.

Vielleicht haben Sie so viele Bücher, dass sie längst den Regalen entwachsen sind und sich an anderen Orten breitgemacht haben. Lagern sie turmhoch auf Ihrem Schreibtisch, auf dem Couchtisch, neben Ihrem Lieblingssessel oder im Bad oder WC (was das bedeutet, erfahren Sie in Kapitel 19)?

Lernen Sie, Ihre Bücher loszulassen, wenn es so weit ist. Fangen Sie mit Kochbüchern an, die Sie nie benutzen (nein, schlagen Sie sie nicht auf und sehen sich jetzt auf einmal die Rezepte an!). Machen Sie mit Lehrbüchern und Nachschlagewerken weiter, die Sie seit Jahren nicht in die Hand genommen haben, Kinderbüchern, denen Sie oder Ihre Kinder entwachsen sind, Romanen, die Sie zu wenig interessiert haben, um sie anzufangen oder zu Ende zu lesen, sowie Büchern mit Theorien, denen Sie nicht zustimmen. Als Nächstes kommen Bände, die an solch unzugänglichen Stellen stehen, dass Sie seit Jahrzehnten nicht drankamen, oder die so alt sind, dass sie schon auseinanderfallen. Und schließlich auch die Bücher, die Sie vor Jahren höchst inspirierend fanden, deren Aussagen aber inzwischen so sehr Teil von Ihnen geworden sind, dass Sie sie nicht mehr nachzulesen brauchen.

Ihr Ziel sollte eine Buchsammlung sein, die Sie so spiegelt, wie Sie heute sind und wie Sie morgen sein wollen. Falls Sie ein sehr intellektueller Mensch sind, werden Sie immer noch eine beachtliche Bibliothek haben, auf die sich ein Teil Ihres Bewusstseins stützt und mit der Sie sich auseinandersetzen. Bei den meisten anderen dürfte es sich um ein oder zwei Bücherregale handeln. Behalten Sie ein paar Nachschlagewerke, die Sie häufig benutzen, und leisten Sie sich den Luxus ein paar anderer Bücher, weil Sie die mögen. Den Rest lassen Sie los.

Eine hervorragende Lösung ist, Bücher Ihrer örtlichen Bücherei zu spenden, falls Sie wirklich Angst haben, Sie könnten sie vermissen. Es ist sehr tröstlich zu wissen, dass Sie sie jederzeit ausleihen können, sollten Sie sie für eine Weile zurückhaben wollen. Bis dahin sind sie anderen nützlich, statt Ihre Regale und Ihr Leben zu blockieren. Interessant an der Büchereispende ist übrigens, dass die Leute in den allerseltensten Fällen ihre Bücher wieder ausleihen. Nachdem sie sie losgelassen haben, wenden sie sich Neuem in ihrem Leben zu und vergessen die alten Wälzer vollkommen.

Zeitschriften, Zeitungen und Ausschnitte

In einem Haus, das ich besuchte, war ein ganzes Zimmer voll mit Flugzeugzeitschriften, die seit über zwanzig Jahren darauf warteten, durchsortiert zu werden, damit der Besitzer feststellen konnte, welche Ausgaben ihm zu einem kompletten Jahrgangssatz fehlten. Als ich ihn fragte, was er denn vorhätte, wenn die Sammlung komplett war, war er sprachlos. Er musste lange nachdenken, bis ihm wieder einfiel, wozu er die Ausgaben wollte. Das Sammeln an sich war zum Ziel geworden und hatte den ursprünglichen Zweck abgelöst. Nachdem der Mann sich selbst erlaubte, die Sammlung aufzugeben und einfach loszulassen, schrieb er mir, was für eine enorme Erleichterung es gewesen war, alles zum örtlichen Recyclinghof zu fahren, und wie herrlich es wäre, jetzt ein zusätzliches Zimmer in seinem Haus zu haben, sodass er Gäste einladen konnte.

Das Arbeitszimmer einer anderen Klientin war unter einem Meer von Zeitungen und Zeitschriften untergegangen, die sie aufbewahrte, bis sie die Zeit hatte, sie nach bestimmten Artikeln durchzusehen. Neben ihrem Schreibtisch lagerte außerdem ein riesiger Haufen mit Ausschnitten, die sie noch sortieren und abheften wollte. Auf meinen Vorschlag, alles wegzuwerfen und frisch durchzustarten, sah sie mich so panisch an, als wären die Folgen lebensbedrohlich! Wir nahmen uns gemeinsam ein paar Minuten, die Sache objektiv zu betrachten, und es stellte sich heraus, dass sie regelrecht Angst davor hatte, Artikel fortzuwerfen, die womöglich lebenswichtig sein könnten. Das ist nur eine Variante des «Kann nochmal nützlich sein»-Syndroms. Es beruht auf der Furcht, das Leben könnte uns nicht bringen, was wir brauchen, wenn wir es brauchen.

Es ist wunderbar, sein Leben lang lernen zu wollen. Doch wir werden heute mit so vielen Informationen bombardiert (siehe auch Kapitel 20), dass wir zwangsläufig selektieren müssen. Falls Sie Ausschnitte aufheben wollen, entwerfen Sie ein logisches Ablagesystem und halten Sie es auf dem aktuellen Stand. Sortieren Sie es regelmäßig durch und die Informationen aus, die nicht mehr aktuell sind. Sollten Sie einen Ausschnittstapel haben, der noch abgelegt werden muss, setzen Sie sich eine angemessene Frist (sagen wir, bis Monatsende), und wenn Sie es bis dahin nicht geschafft haben, legen Sie alles im Altpapiercontainer ab. Horten Sie Zeitschriften nicht, die Sie gelesen haben. Geben Sie sie an Kliniken, Zahnärzte, Pflegeheime, Schulen und andere öffentliche Einrichtungen weiter, wo sie benutzt werden können, schenken Sie sie Verwandten, Freunden oder Kollegen, die sich an ihnen erfreuen, oder werfen Sie sie schlicht ins Altpapier. Hauptsache, Sie lassen sie gehen.

Ich ermunterte jene Frau, sich hinzusetzen und eine Liste von den vielen Dingen zu schreiben, die sie im Leben tun wollte und sich wegen unerledigter Aufgaben wie dieser nicht gestattete. Dadurch gewann sie eine gänzlich neue Perspektive auf alles, was sie sich vorgenommen hatte, und ihr fiel die Entscheidung leichter, nur einen aktuellen Zeitschriftenstapel zu behalten, den Rest aber hinauszuschaffen. Bei unserem nächsten Wiedersehen war die Veränderung augenfällig. Der gräuliche Schleier, der sie umgeben hatte, war verschwunden, sogar die Ringe unter ihren Augen waren so gut wie weg, und insgesamt wirkte sie lebendig und schwungvoll. Offenbar hatte sie noch nicht aufgehört, Zeitungsausschnitte zu sammeln, sondern ihr gesamtes Arbeitszimmer und anschließend den Rest ihres Hauses entrümpelt. Das hatte ihr Leben komplett verwandelt.

Sentimentaler Kram

Einige der nettesten Briefe, die ich erhalte, kommen von lieben, freundlichen Seelen, die Nostalgisches sammeln. Hier ist mein Lieblingsbrief:

> *«Ich lebe in Südafrika und habe gerade Ihr Buch über das Erschaffen von heiligen Orten zu Ende gelesen. Ich wünschte, ich könnte Ihnen irgendwie für den Raum danken, den Sie mir gegeben haben, um die Energie in meinem Zuhause so zu nutzen, dass meine Freude maximiert wird. Alles, was Sie schrieben, rührte eine Saite in mir an und machte mir die verborgenen Gedanken bewusst, die ich zu so vielen Dingen hege. Kürzlich warf ich ganz viel von dem Gerümpel weg, das ich in den letzten dreißig Jahren angesammelt hatte – alte Liebesbriefe, alte Fotos und sonstige Erinnerungsstücke, von denen ich gar nicht weiß, warum ich sie aufbewahrt hatte. Seitdem fühle ich mich sehr viel besser, leichter in der Welt. Sie haben einige echte Weisheiten entdeckt, und ich danke Ihnen, dass Sie sie an uns weitergaben.»*

In diese Gerümpelkategorie fallen Hochzeitsandenken, Weihnachts- und Geburtstagskarten aus vergangenen Jahren, Postkarten, Tagebücher von anno Tobak, die Wachsmalkunstwerke Ihrer Kinder und so fort. Je älter Sie werden, umso mehr haben Sie, und obgleich Sie sich die Sachen so gut wie nie ansehen, gefällt es Ihnen zu wissen, dass sie da sind.

Mein Rat? Behalten Sie die schönsten, und werfen Sie den Rest weg. Verwahren Sie nur die Stücke, an denen Sie wirklich hängen, die wundervolle, schöne Erinnerungen symbolisieren. Lassen Sie hingegen alles los, was Sie aus einer Art Schuld- oder Pflichtbewusstsein aufbewahren, zu denen Sie ambivalente Gefühle haben oder die schlicht zu viel sind. Öffnen Sie die Tür für neue glückliche Erfahrungen in Ihrem Leben, statt in der Vergangenheit zu verharren.

Eine Frau, die ich kennenlernte, verwahrte schubladenweise Weihnachts- und Geburtstagskarten, die sie bekommen hatte. Sie beteuerte, die Karten hätten einen solch sentimentalen Wert, dass sie sich unmöglich von ihnen trennen könnte. Als wir uns jedoch hinsetzten und die Schubladen gemeinsam durchsahen, wurde sie zusehends bekümmerter. Sie trauerte um das Glück vergangener Zeiten. Mit dem Beschluss, alles wegzuwerfen und sich einen neuen Freundeskreis aufzubauen, begann ihre Wandlung von der einsamen Frau, die sie geworden war, hin zur kontaktfreudigen, die sie so gern sein wollte.

Sollten Sie über große Mengen sentimentalen Gerümpels verfügen, wird es mit dem ersten Aussortieren nicht getan sein. Wahrscheinlich müssen Sie die Sachen, die Sie aufgehoben haben, mit ein bisschen zeitlichem Abstand nochmals durchgehen. Das wird ein konstanter Prozess, der zunächst hart sein mag, aber mit jedem Mal einfacher wird.

Fotos

Haben Sie Schubladen oder Alben voller Fotos? Genießen Sie Ihre Bilder, solange sie aktuell sind. Fertigen Sie bunte Collagen, die Sie an die Wand hängen, auf Ihre Notizbücher kleben, zu Postkarten machen und an Freunde verschicken. Ja, nutzen Sie die Fotos, solange deren Energie frisch und neu ist. Behalten Sie keine Bilder, die Sie an harte Zeiten in der Vergangenheit erinnern, sondern nur solche, die Ihnen ein gutes Gefühl bescheren. Die anderen lassen Sie los. Schaffen Sie Platz für Neues und Besseres in Ihrem Leben.

Dieser Tage drucken viele Leute ihre Fotos nicht einmal aus. Falls Sie eine Digitalkamera haben und Ihre Bilder elektronisch abspeichern, nehmen sie überhaupt keinen physischen Raum mehr ein. Energetisch ist das eine gewaltige Verbesserung, aber es heißt auch, dass Sie nun eine gigantische Menge unsortierter Bilder auf Ihrer Computerfestplatte haben und damit ein ganz anderes Problem. Sie brauchen Software, die Ihnen beim Katalogisieren hilft, und verbringen Stunden Ihres Lebens damit. Es bedarf nur eines Knopfdrucks, um ein Foto zu schießen, es kann jedoch deutlich länger dauern, die Bilder so zu sortieren, dass Sie sie wiederfinden, wenn Sie sie suchen.

Falls Sie zwanghaft alles fotografieren, finden Sie zunächst heraus, warum Sie das tun. Es ist nämlich gut möglich, dass Sie die Art Gerümpel schaffen, die in Kapitel 6 als «Identitätsgerümpel» beschrieben wird. Sie machen Fotos, damit Sie sie Jahre später ansehen und sich sagen können: «Da war ich, das habe ich gemacht», was für Sie etwas Identitätsstiftendes hat. Doch wenn Sie gar nichts Nützliches anstellten, als Sie dort waren, warum sollten Sie es dann katalogisieren? Es könnte ebenso gut sein, dass Sie sich am Ende Ihres Lebens mit all Ihren Fotos hinsetzen und sich fragen: «Wozu bin ich da eigentlich überall hingereist? Ich war so mit dem Fotografieren beschäftigt, dass ich weder etwas erlebt noch gelernt habe.»

Räumen Sie Ihren Schreibtisch frei

Falls Sie zu Hause arbeiten oder einen Schreibtisch haben, den Sie zu Hause benutzen, richten sich die nächsten Abschnitte an Sie. Der erste Schritt besteht in einer simplen Rechenaufgabe: Wie viel Prozent unbedeckter Schreibtischoberfläche können Sie tatsächlich sehen? Schummeln Sie nicht, indem Sie vorher Ihren Schreibtisch aufräumen. Lassen Sie ihn genau so, wie er ist, und schätzen Sie Ihre Situation ehrlich ein.

Also ich habe bei meiner Beratungsarbeit Hunderte von Schreibtischen gesehen, und die meisten von ihnen hatten gemeinsam, dass es praktisch keinen Platz auf ihnen gab, wo jemand wirklich arbeiten könnte. Gewöhnlich wird ein Bereich von der Größe eine Papierblattes freigehalten, während alles andere mit Utensilien oder Papieren vollgestapelt ist, die darauf warten, sortiert zu werden.

Mein Rat: Räumen Sie Ihren Schreibtisch frei! Es gab einmal ein herrliches Buch von Declan Tracy, das diesen Titel trug (und leider vergriffen ist). Darin beschrieb er die Schreibtische sowie das Arbeitsverhalten von einigen Topmanagern, die allesamt ihren Papierkram auf ein Minimum reduzierten. Ein klarer Schreibtisch ist gleichbedeutend mit klarem Denken, und klares Denken wiederum ist die Quelle von Visionen und Perspektiven. Falls Sie von Ihren Papieren erdrückt werden, dann stecken sie fest.

An einem klaren Schreibtisch zu arbeiten erhöht die Produktivität, die Kreativität und die Zufriedenheit. Eine hervorragende Gewohnheit, die sich jeder aneignen sollte, ist die, den Schreibtisch grundsätzlich vollkommen leer zu hinterlassen, wenn man aufhört. An einen leeren Schreibtisch setzt man sich ungleich unbeschwerter als an einen voll mit Bergen von Papier. Vor solchen Türmen gibt man schon auf, ehe man angefangen hat.

Also fangen Sie sofort an, alle Papiere von Ihrem Schreibtisch zu räumen, die nicht sofort Ihre Aufmerksamkeit erfordern, und alle

Objekte, die nicht zwingend nötig sind. Ich meine damit, dass Sie nur die wirklich wichtigen Gegenstände da lassen, etwa den Computer, das Telefon, einen Stift und einen Notizblock. Andere Dinge wie Hefter, Stiftebehälter, Büroklammern, Stofftiere, Bonbon- oder Knabberkramtüten und so fort wandern auf ein Regal in der Nähe oder in die Schreibtischschublade.

Elektronisches Gerümpel

Elektronisches Gerümpel kann ebenso sehr zum Problem werden wie greifbareres, sofern Sie begrenzte Speichermöglichkeiten haben. Statt zu warten, bis Ihre Festplatte voll ist, sollten Sie gleich anfangen, Dokumente zu löschen, die Sie nicht mehr brauchen, am besten jeden Tag ein paar. Gehen Sie Ihre Dateien durch und löschen Sie veraltete Dokumente oder übertragen Sie sie in ein Archivsystem. Ordnen Sie Ihr Ablagesystem neu, falls nötig.

Angesichts der immer geringeren Datenspeicherkosten und der zunehmenden Festplattengröße wird das Sortieren hier natürlich mit jedem Jahr unnötiger. Ich rate Ihnen allerdings, in ein Speichersystem zu investieren, dass die Kapazitäten vorweist, die Sie brauchen, und sinnvolle Suchmechanismen zu installieren, damit Sie Dateien wiederfinden. Es wird Sie gewiss freuen zu hören, dass elektronisches Gerümpel nicht den stagnierenden Effekt von anderem hat, obwohl ich schwöre, dass ich mich besser fühle, wenn ich eine Defragmentierung gemacht habe (ein Defragmentierungsprogramm durchlaufen ließ, das alle Dateien umstellt, sodass sie dichter zusammen gespeichert werden). Aber das mag daran liegen, dass ich mich in meinen Computer einfühlen kann.

Als gute Nachricht bleibt, dass Sie bei den erforderlichen Computerkenntnissen und einer entsprechend hohen Speicherkapazität erst dann von Gerümpel sprechen müssen, wenn Sie nicht mehr ohne weiteres durchfinden. Nehmen Sie sich die Zeit, ein Ablage- und Suchsystem einzurichten, das funktioniert, und Sie dürfen so viele Dateien behalten, wie Sie wollen.

Wie Sie Ihren Papierkram beherrschen

Hier sind einige Tipps, die Ihnen helfen, Ihren privaten Papiertiger zu bändigen:

- Gewöhnen Sie sich an, überflüssigen Papierkram so weit zu reduzieren wie Sie können.
- Machen Sie sich keine Erinnerungsnotizen auf losen Zetteln. Schreiben Sie sich alles in ein Notizbuch, und übertragen Sie wichtige Informationen regelmäßig in Ihre Ablage oder Ihren Computer.
- Benutzen Sie Pinnwände oder Notiztafeln ausschließlich für Aktuelles. Wenn Sie sich daran erinnern wollen, etwas zu machen, tragen Sie es in Ihren Kalender ein. Post-its verkleistern nur Ihr Denken, und Sie sind umso geneigter, Dinge zu vergessen. Zu viele Erinnerungsnotizen rauben Ihnen Energie.
- Bringen Sie Ihre Finanzunterlagen auf den aktuellen Stand und halten Sie sie so. Sie werden sehr viel eher zu Wohlstand im Leben kommen, wenn Sie sich diesem Bereich bewusster zuwenden. Sorgen Sie dafür, dass Sie Rechnungen fristgerecht bezahlen, Papiere sofort ablegen, und freuen Sie sich: Jede Rechnung, die Sie erhalten, bedeutet, dass Sie nach wie vor kreditwürdig sind! Wenn Sie lernen, alles mit derselben Freude zu bezahlen, die Sie empfinden, wenn Sie rechtzeitig bekommen, was man Ihnen schuldig ist, werden Sie feststellen, wie viel Spaß dieses Geldspiel bringen

kann, das wir Menschen für uns erfanden, statt sich davon stressen zu lassen.

Übernehmen Sie die Kontrolle über Ihre E-Mails

Da die E-Mail-Sucht einen bedeutenden Prozentsatz der Bevölkerung befallen hat, gibt es zwei wichtige Ratschläge, wie Sie Ihren elektronischen Posteingang zähmen und verhindern, dass Ihnen die E-Mail-Flut den Arbeitstag vollrümpelt:

- Schalten Sie alle Systeme ab, die Ihnen mitteilen, dass Sie soeben Post bekommen haben. Der Abschnitt über Unterbrechungen in Kapitel 17 erklärt Ihnen, warum es nötig ist.
- Sehen Sie nie morgens als Erstes in Ihren E-Mail-Eingang. Das meine ich ernst. Sofern Ihr Job nicht von den E-Mails abhängt, sind sie bloß eine riesige Ablenkung. E-Mails können bedeuten, dass Sie sich am Ende des Arbeitstages sagen, Sie hätten zwar alle Mails beantwortet, aber eigentlich nichts geschafft. Ich bin morgens so produktiv und schätzte die Phase so sehr, dass ich nicht in meine E-Mails sehe, ehe ich nicht die Hauptaufgabe erledigt habe, die ich mir vornahm. Folglich lese ich meine elektronische Post gewöhnlich erst am Nachmittag.

12 Verschiedenerlei Gerümpel

Gerümpel kommt in allen Formen und Größen daher. Hier sind einige gängige Gegenstände, die in manch einem Haus herumliegen ...

Dinge, die Sie nicht mehr benutzen

Diese Gerümpelart fällt an, wenn Ihr Leben sich weiterbewegt, Ihre Besitztümer aber nicht.

- Ausgediente Freizeitsachen (Spiele, die niemand je mochte, Sportarten, die keiner mehr betreibt, Hobbys, die Sie nicht mehr interessieren, Spielzeug, dem Ihre Kinder längst entwachsen sind, etc.).
- Audiogeräte, die Sie nie wieder benutzen werden (beispielsweise Boxen zu einer Stereoanlage, die Sie gar nicht mehr haben, Verstärker, die zischen und schnarren, wenn Sie sie anstellen, und so fort).
- Fitnessgeräte, die Sie sich mit guten Vorsätzen zulegten und nicht mehr genutzt haben, nachdem der anfängliche Enthusiasmus verpufft war (Apparate, die einen flachen Bauch, feste Schenkel, stramme Muskeln oder Ähnliches machen).
- Gesundheits- und Schönheitszubehör, das seine Zeit hinter sich hat (erhitzbare Lockenwickler, Fußmassagegeräte etc.).
- Technische Spielereien, die Sie angeschafft haben, damit sie Ihnen

das Leben erleichtern, die sich aber als viel zu umständlich erwiesen.
- Gartengeräte (verrostete Rasenmäher, heruntergekommene Terrassenmöbel, Statuen mit abgebrochenen Gliedmaßen).
- Autozubehör (Dachgepäckträger, Reifen, Ersatzteile).

Und so weiter und so fort. Ich könnte die Liste von seltsamen und schrägen Sachen unendlich fortsetzen, die Leute bei sich aufbewahren, obwohl sie sie seit ewigen Zeiten nicht benutzt haben und auch nie wieder benutzen werden. Sicher werden Sie einige Male lachen, wenn Sie Ihre eigenen «Schätze» durchsehen.

Falls Sie besonders an Dingen hängen, die Sie nicht mehr brauchen, die aber aus Ihrer Kindheit stammen, habe ich einen Tipp für Sie, den viele Leute recht befreiend fanden: Fotografieren Sie sie zum Andenken, und lassen Sie die Sachen los. Die Fotos bewahren Ihre schönen Erinnerungen für immer und lassen sich auf einem Bruchteil des Raumes unterbringen, den die Gegenstände selbst einnehmen.

Ungeliebte Geschenke

Das kann für manche ein recht heikler Punkt sein. Trotzdem gilt mein Rat für solche ungewollten Gaben: WERDEN SIE SIE LOS! Ich verrate Ihnen auch, warum. Dinge, die Sie wirklich mögen, haben ein starkes, lebendiges Energiefeld um sich herum, wohingegen unerwünschte Gegenstände eine unbehagliche, konfliktträchtige Energie besitzen, die Sie auslaugt, statt Ihnen Kraft zu geben. Tatsächlich belegen sie Ihr Haus mit einem energetischen Grauschleier.

Allein der Gedanke, sie rauszuschmeißen, erschrickt manche Leute. «Und was ist, wenn Tante Jane zu Besuch kommt und ihr teures

Geschenk nicht auf dem Tisch steht?» Über wessen Tisch reden wir hier denn? Gefällt Ihnen das Geschenk, schön und gut, aber wenn Sie es aus Angst oder Pflichtgefühl in Ihrem Haus behalten, verschenken Sie Ihre Kraft. Jedes Mal, wenn Sie das Zimmer betreten und das Ding sehen, sinkt Ihr Energiepegel.

Und glauben Sie nicht an «aus den Augen, aus dem Sinn». Das funktioniert nicht. Sie können das Geschenk nicht im Schrank lagern und nur hervorholen, wenn Tante Jane vorbeikommt. Ihr Unterbewusstsein weiß die ganze Zeit, dass es da ist. Haben Sie genug von solchen ungeliebten Geschenken um sich herum, sieht Ihr Energienetzwerk wie ein Sieb aus – überall läuft die Vitalität aus.

Denken Sie daran, was zählt, ist der Gedanke. Sie können ein Geschenk wertschätzen, ohne es zwingend behalten zu müssen. Versuchen Sie es mit einer völlig neuen Philosophie: Wenn Sie jemandem etwas schenken, geben Sie es mit Liebe und lassen Sie los. Gestatten Sie anderen die Freiheit, damit zu tun, was sie wollen. Und sollte es das Sinnvollste sein, was sie machen können, es direkt in die Mülltonne zu stecken oder weiterzuverschenken, prima. (Sie wollen ja schließlich nicht, dass sie sich ihren Raum mit unerwünschten Geschenken vollrümpeln, nicht wahr?) Lassen Sie anderen diese Freiheit, und Sie fangen an, auch mehr Freiheit in Ihrem eigenen Leben zu erfahren.

Dinge, die Sie nicht mögen

Das sind Dinge, die Sie selbst gekauft haben, aber eigentlich schon vom ersten Tag an nicht recht mochten. Normalerweise behalten Sie die, bis Sie die Zeit oder das Geld haben, sich etwas Besseres zuzulegen.

Ein Beispiel: Ich habe noch nie besonders gern gebügelt. Zwar besaß ich ein richtig gutes, normales Bügeleisen, fühlte mich jedoch selten inspiriert, es zu benutzen. Also strengte ich mich ziemlich an, kaum noch etwas zu tragen, was gebügelt werden musste. Dann, eines Tages war ich bei einer Freundin zu Besuch und entdeckte dort, ja, ich kann es nicht anders sagen, «die Königin der Bügeleisen». Klar, dieses Eisen kostete das Doppelte von dem Allerweltsgerät, das ich zu Hause hatte, aber das Bügeln damit war die reinste Freude. Es brachte die Tätigkeit auf völlig neue Höhen, von denen ich gar nicht geahnt hatte, dass sie existierten. Wieder zu Hause, marschierte ich geradewegs los und kaufte mir auch so eines, wonach ich mich einen ganzen Nachmittag lang mit Vergnügen durch meine gesamte Bügelwäsche arbeitete.

Geben Sie sich nicht mit dem Zweitbesten zufrieden. Wenn Sie sich verwöhnen, indem Sie sich das Beste gönnen, wirkt dieses Signal auch nach draußen und zieht in anderen Lebensbereichen das Beste für Sie an. Falls Sie finanzielle Probleme haben und mit den meisten Ihrer Sachen «gerade so auskommen», lieben Sie die, seien Sie dankbar für das, was Sie haben, und nehmen Sie sich vor, darauf hinzuarbeiten, sich Dinge leisten zu können, die Sie stärker inspirieren. Die meisten Menschen staunen, wie schnell das möglich wird, haben sie erst einmal die Absicht klar ausgedrückt.

Dinge, die repariert werden müssen

Dinge, die repariert oder geflickt werden müssen, sind Energiefresser. Der Grund ist, dass alles, was Sie besitzen, Ihrer Obhut und Ihrem Schutz unterliegt. Sie können der Bequemlichkeit halber aufschieben, etwas zu tun, aber Ihr Unterbewusstsein merkt sich alles, und jedes Mal, wenn Sie den Gegenstand sehen oder einen, der Sie daran erinnert, sinkt Ihre Energie.

Angenommen, Sie haben einen Stuhl mit einem wackligen Bein. Sie haben sich längst angewöhnt, ihn bewusst auszublenden, wenn Sie ins Zimmer kommen, aber Ihre Augen sehen ihn natürlich noch, Ihr Unterbewusstsein nimmt ihn noch wahr, und Ihr Körper reagiert weiterhin energetisch darauf. Wenn Sie sich vornehmen, etwas zu reparieren, und es dann nicht tun, verlieren Sie sogar noch mehr Energie und Vitalität.

Ich kenne eine Frau, die in einem großen Haus wohnt, in dem so gut wie alles irgendwie reparaturbedürftig ist. Zugegeben, sie muss mit einem niedrigen Einkommen wirtschaften und hat ein Kind zu ernähren, aber sie ist geschickt und begabt, kann also durchaus alles selbst reparieren, falls sie es wollte.

Der Mangel an Zuwendung und Respekt, den sie ihrem Zuhause zollt, reflektiert ihre mangelnde Achtung vor sich selbst. Indem wir für unser Haus sorgen, beweisen wir uns selbst gegenüber Zuneigung und Respekt.

Betrachten Sie das Reparieren und Ausbessern von Dingen in Ihrem Zuhause als eine Investition in sich selbst. Und falls Sie überhaupt keine Lust haben, etwas Bestimmtes zu reparieren, dann suchen Sie dem Gegenstand ein neues Zuhause bei jemandem, der es gern tut, oder werden Sie es anderweitig los.

Verdoppeltes Gerümpel

Ich habe einmal eine Beratung bei einer kramhortenden alleinstehenden Frau gemacht, deren in dieser Beziehung noch schlimmeren Eltern gestorben waren und ihr alles hinterlassen hatten, was sich in ihrem Haushalt angesammelt hatte. Folglich hatte sie eine doppelte Küchenausstattung, eine doppelte Badezimmerausstattung, zwei Wohnzimmereinrichtungen – immer zwei von allem, und alles in ihrem Haus zusammengepfercht. Genau genommen besaß sie viele Dinge sogar drei- und vierfach, sodass es überhaupt keinen Platz mehr gab. Trotzdem konnte sie sich nicht überwinden, etwas wegzuwerfen, weil die meisten Sachen noch brauchbar waren. Ihr Zuhause war energetisch so verstopft, dass einem darin das Atmen schwerfiel. Folglich war ihr ganzes Leben zum Stillstand gekommen, während sie mit dem anstrengenden Sortieren ihrer geerbten und eigenen Besitztümer befasst war.

Gehen Sie Ihre Schränke durch und zählen Sie, wie viel Sie wovon horten. Falls Sie sehr viel Platz haben, spricht nichts dagegen, dass Sie ein paar Extras behalten, aber wenn nicht, ist es an der Zeit, ein paar Sachen loszuwerden.

Geerbtes Gerümpel

Viele Menschen fühlen sich verpflichtet, Dinge aus Respekt vor dem Andenken derjenigen zu bewahren, die sie ihnen hinterließen. Vergessen Sie nicht, dass diejenigen, die sie uns vermacht haben, sich nun in der geistigen Welt befinden, wo es keinerlei Bindungen zur materiellen Welt gibt. Sie verstehen es also vollkommen, dass wir ihre Sachen loslassen müssen, sollten sie uns behindern. Erlauben Sie sich, das zu tun, wenn Sie es wollen. Was Sie nicht wirklich mögen oder was Ihnen nicht nützlich ist, darf jetzt jemand anders von Ihnen bekommen.

Eine Leserin schrieb mir, um zu erzählen:

«Ihr Buch hat unser Leben so verändert! Vielen Dank! Wir haben Exemplare für alle Verwandten gekauft, und erst heute Morgen rief meine Mutter mich an und sagte, wie sehr sie sich darüber

freut. Nach dem Tod ihres Mannes fühlt sie sich jetzt endlich bereit, ihr Leben weiterzuleben.»

Und dann gibt es da natürlich noch die andere Seite: Wenn Sie Ihr Gerümpel vor Ihrem Tod nicht aussortieren, was für eine Last bürden Sie damit Ihrer Familie und Ihren Freunden auf? Nun ja, es sei denn, Sie haben vor, die Art Erbe zu hinterlassen, wie es im nächsten Brief beschrieben wird …

«Nachdem ich Ihr Buch gelesen hatte, beschloss ich, das Haus meiner Großmutter aufzuräumen, in dem ich heute wohne. Glauben Sie mir, der Familie gefiel es überhaupt nicht, dass ich ‹Omis Sachen› alle rausräumte und weggab. Dann fand ich beim Durchsortieren alter Koffer über 5000 Dollar in ein Taschentuch eingewickelt. Plötzlich packte alle der Eifer, sie machten mit, und wir räumten alles aus. Insgesamt fanden wir fast 8000 Dollar, die unsere Großmutter über die Jahre versteckt hatte.»

Falls Sie genauer verstehen wollen, was nach dem Tod geschieht, empfehle ich Ihnen «Death, the Great Journey» von Samuel Sagan, das in Form eines «Wissenpfades» gehalten ist und über die Website clairvision.org bestellt werden kann (es existiert leider nur auf Englisch). Für mich ist es eines der wichtigsten Bücher, die ich in diesem Leben gelesen habe, weshalb ich es Ihnen dringend ans Herz legen möchte. Es ist höchst inspirierend und wird Ihnen eine vollkommen neue Perspektive eröffnen, nicht nur im Hinblick auf den Tod, sondern auch auf das Leben. Gewiss überdenken Sie nach der Lektüre Ihre Bindung an Ihr Gerümpel.

Kartons

Nie vergesse ich den überraschten Gesichtsausdruck eines Möbelpackers, der sich bückte, um einen meiner großen Umzugskartons hochzuheben. Er rechnete damit, dass dieser Karton ebenso schwer wäre wie die anderen, die er vorher weggetragen hatte – und kippte hintenüber. Das war in der Zeit, als ich noch heimlich leere Kartons hortete.

Sie müssen nämlich wissen, dass ich ein echtes Faible für Kartons habe. Oft freue ich mich mehr über den Karton, in dem ein Geschenk verpackt ist, als über dessen Inhalt. Bedauerlicherweise ist das eine recht raumgreifende Leidenschaft und dem Feng-Shui-Bagua-Raster nach alles andere als energetisch sinnvoll, wenn sich an irgendeiner Stelle im Haus «leere Karton»-Energie konzentriert. Inzwischen begrenze ich die Zahl leerer Kartons rigoros und achte darauf, dass die meisten von ihnen genutzt werden, statt leer herumzustehen.

Nach dem Kauf von neuen Geräten behalten Sie die Originalverpackung nur für die Dauer der Garantiezeit und werfen sie dann weg. Verwahren Sie den Karton nicht ewig «für den Fall», dass Sie umziehen und das Gerät wieder darin transportieren wollen. Alle Geräte lassen sich hervorragend in Standardumzugskartons verpacken, sollten Sie tatsächlich irgendwann umziehen.

Ein praktischer Tipp ist auch, die Originalkartons während der Garantiezeit flach zusammengelegt aufzuheben. So nehmen sie weit weniger Platz ein und haben keine «leere» Energie mehr.

Rätselhafter Kram

Jeder besitzt welchen, vorzugsweise in der Kramschublade. Zu ihm zählen unidentifizierbare Ersatzteile, die man seit Jahren aufbewahrt, Aufhängungen oder sonstige Befestigungen für Dinge, die man nie aufhängt oder gar nicht mehr besitzt, seltsame Dingsda, die von irgendwas abgefallen sind, man aber nicht mehr weiß, wovon, und so weiter. Alles Kandidaten erster Güte fürs Entrümpeln.

13 Die großen Brocken

Beim Aussortieren sollten Sie die großen Brocken nicht vergessen. Jenes entsetzliche Möbelstück, das Sie schon immer gehasst haben, das Klavier, das nur noch Platz im Wohnzimmer schluckt, der aufgerollte Teppich, den Sie nie auslegen, das Auto, das in Ihrem Garten vor sich hinrostet, die ausufernde, zwanzig Jahre alte Graupflanze, die in der Wohnzimmerecke Staub ansetzt.

Manche dieser Dinge sind so groß und das Entsorgen eine solche Aktion, dass Sie sich lieber angewöhnen, durch sie hindurchzusehen, als würden sie nicht mehr existieren. Was Sie unbegrenzt tun können; doch ob es Ihnen gefällt oder nicht, je größer sie sind, umso schlimmer bremsen sie Ihren Energiefluss aus und umso wichtiger ist es, sie fortzuschaffen. Noch schrecklicher wird es, wenn die Symbolik der Gegenstände Ihren Fortschritt im Leben behindert. Ein rostender Wagen im Wohlstandsbereich Ihres Gartens beeinträchtigt Ihre Finanzen auf jeden Fall; eine erbärmlich aussehende Zimmerpflanze in Ihrem Berufsbereich beschert Ihnen Müdigkeit und Lethargie im Job; nutzloses Mobiliar schafft verlässlich Hindernisse in dem jeweiligen Bereich, und so weiter.

Wenn Ihr Haus zu klein ist

Vielleicht haben Sie gar nicht einmal allzu viel große Brocken angesammelt, sondern Ihr Zuhause ist schlicht zu klein für die Sachen, die Sie dort reinzustopfen versuchen. Das passiert oft, wenn man von einem großen Haus in ein kleineres umzieht und alle Möbel mitnehmen will. Oder aber man hat Möbel geschenkt bekommen oder Dinge gesammelt, die man behalten will, bis man in ein größeres Haus zieht. In solchen Fällen ist realistisches Nachdenken und tatkräftiges Schrumpfen angezeigt. Wenn Ihr Haus so voller Kram steht, dass praktisch kein Platz mehr für Menschen darin ist, fühlen Sie sich, als würde das Leben Ihnen vorschreiben, was Sie tun dürfen. Schaffen Sie Raum, damit neue Möglichkeiten gedeihen können.

Suchen Sie im Internet. Dort finden Sie wahrscheinlich jemanden, der mit Freuden vorbeikommt, Ihnen die sperrigen Stücke abnimmt und eventuell sogar noch etwas dafür bezahlt. Es gibt viele Online-Börsen für alles Mögliche, einige auch von wohltätigen Stiftungen betrieben, wo Sie verschenken oder spenden können, was Sie nicht mehr brauchen. Eine von Ihnen ist www.freecycle.org, die auch in Deutschland in allen größeren Städten Zweigstellen hat.

Falls das Internet nicht hilft, müssen Sie vielleicht jemanden bezahlen, der Ihnen die Sachen abnimmt, oder Freunde bitten, Ihnen beim Rausschaffen zu helfen. Aber nachdem das getan ist, werden Sie begeistert sein, was für eine Veränderung Sie erreicht haben, und sich fragen, wie Sie überhaupt all die Jahre damit leben konnten!

14 Anderer Leute Kram

Verwandte, Freunde und nette Kollegen lassen Ihnen ja eine Menge durchgehen, aber zeigen Sie mal mit dem Finger auf deren Gerümpel, dann fliegen die Fetzen! Eine der häufigsten Fragen ist die, was man mit dem Krempel anderer Leute anfangen soll, insbesondere derjenigen, mit denen wir zusammenleben.

Allein schon das Gerümpel des Partners anzusprechen kann schnell Beziehungsprobleme zutage fördern, die lange Jahre vergraben lagen. Nörgeln, Streiten, Drohen und Ultimaten machen Kramhorter erst recht störrisch, und räumen Sie NIE, NIEMALS das Gerümpel für Ihre Partner weg, solange die Sie nicht explizit dazu auffordern. Menschen haben tiefe emotionale Bindungen zu ihrem Krempel und können ziemlich entsetzt, wenn nicht gar aufbrausend reagieren, vergreift sich jemand daran.

Sie sollten sich darüber im Klaren sein, dass Sie andere Menschen nicht verändern können. Die einzige Person, die Sie jemals ändern können, sind Sie selbst. In all den Jahren, die ich zu diesem Thema unterrichte, habe ich festgestellt, dass es nur zwei Methoden gibt, die beim Gerümpel anderer wirksam sind. Und die wären:

Information

Die Leute müssen erst einmal begreifen, wie nachteilig ihr Horten sich auswirkt, um einen Anreiz zu haben, etwas zu unternehmen. Deshalb kommen viele Menschen Monate später erneut zu einem meiner Workshops, diesmal allerdings mit ihrem Partner im Schlepptau, damit er oder sie sich anhört, was ich zu sagen habe. Mit ein Grund, dieses Buch zu schreiben, war der, dass ich mehr solcher Partner erreichen wollte, ohne dass sie sich mitschleppen lassen müssen, um mich direkt anzuhören!

Mit gutem Beispiel vorangehen

Häufig erzählen mir Leute, dass, sobald sie anfingen, ihr eigenes Gerümpel auszusortieren, ihre Angehörigen und engen Freunde es ebenfalls taten, ohne eigens dazu aufgefordert worden zu sein. Sie setzten sich plötzlich in den Kopf, es den anderen nachzutun; oftmals waren nicht einmal Gespräche nötig. Irgendwie vermittelt sich die Botschaft wortlos weiter unter Menschen, die sich nahestehen, selbst wenn sie nicht nahe beieinander wohnen.

Eine Geschichte ist mir besonders im Gedächtnis geblieben: Eine Frau hatte mein Buch gelesen und sich enthusiastisch ans Entrümpeln gemacht, was sie alles in allem fast zwei Wochen gekostet hatte. In der Zeit versetzte ihr Großvater, den sie länger nicht gesprochen hatte und der über zweihundert Meilen entfernt wohnte, die ganze Familie in Staunen, indem er vollkommen überraschend sein vierzig Jahre altes Gerümpel aus dem Gartenschuppen ausräumte.

Eine andere Frau machte einen Wochenend-Workshop bei mir in London. Während sie da saß und sich über Gerümpel informieren ließ, beschloss ihr Mann spontan, eine Riesenentrümplungsaktion zu starten und verbrachte den ganzen Samstag damit, Krempel zur Müllkippe zu fahren. Das kommt übrigens nicht selten vor. Vielmehr erzählen bei jedem meiner Workshops einige Leute, dass jemand aus ihrer Familie oder ihrem Bekanntenkreis in dem Moment entschieden hatte, bei sich aufzuräumen, in dem sie im Kurs saßen.

Gerümpelprobleme in der Partnerschaft

Von einer Frau, die ich im Space Clearing ausbildete, lernte ich etwas Wertvolles über das Gerümpelproblem in der Partnerschaft. Sie war von Natur aus ein sehr ordentlicher, gerümpelfrei lebender Mensch, und der stets vollgemuste Schreibtisch ihres Mannes fing irgendwann an, sie richtig zu wurmen. Sie wusste, dass er in ihrem Leben war, weil er irgendwie einen Teil von ihr reflektierte, nur kam sie partout nicht darauf, wie das sein konnte. Eines Tages begriff sie plötzlich. Sie erkannte, dass ihr Ehemann zwar äußerlich chaotisch und unordentlich war, innerlich jedoch überaus ordentlich und gut organisiert; sie hingegen war äußerlich sehr geordnet, in ihrem Innenleben herrschte eher ein Durcheinander. Und was geschah dann? Bald nachdem sie zu der Erkenntnis gelangt war, entschied ihr Mann spontan, es wäre Zeit, seinen Schreibtisch aufzuräumen und ihn ordentlich zu halten.

Kindergerümpel

Wo kommt das alles her? Kindergerümpel scheint sich in beängstigender Geschwindigkeit zu vermehren und Raum zu erobern, sobald man die Kontrolle schleifen lässt.

Das Wichtigste, was man einem Kind geben kann, ist Selbstvertrauen. Wenn es sich geliebt, sicher und glücklich fühlt, muss es sich nicht zu sehr auf «Dinge» verlassen. Machen Sie Ihre Kinder stark und beizeiten gerümpelsensibel, damit sie nicht zu den Kramhortern der Zukunft heranwachsen.

Fangen Sie damit an, ihnen beizubringen, hinter sich aufzuräumen. Wenn sie ein neues Spielzeug bekommen, entscheiden Sie mit ihnen gemeinsam, wo es aufbewahrt wird, damit sie immer genau wissen, wo sie es hinstellen sollen. Und bringen Sie sie dazu, regelmäßig zu entscheiden, welchen Spielsachen sie entwachsen sind, welche sie behalten und welche sie weggeben. Allerdings sollten die Kinder hier letztlich entscheiden. Nur weil Sie finden, dass etwas nicht mehr altersgemäß oder abgespielt ist, kann es für Ihr Kind noch von großer Bedeutung sein und Jahre steten Gebrauchs vor sich haben.

Kindliches Horten kann auf eine Vielzahl von Faktoren zurückgehen. Falls Ihr Nachwuchs unbezähmbar scheint, denken Sie daran, dass alle Kinder das Unterbewusstsein der Eltern ausagieren. Sollten Sie sich dabei ertappen, ständig an Ihren Kleinen herumzunörgeln und sie ewig zum Aufräumen antreiben zu müssen, fangen Sie lieber selbst erst einmal an, Ihr eigenes Gerümpelproblem in Angriff zu nehmen. Das dürfte ungleich bessere Resultate bringen. In manchen Fällen ist das Horten aber auch ein Kompensationsmechanismus nach erlittenem Trauma und ein Hilferuf, der erhört werden muss.

Ein Brief, den ich auf die Leserbriefseite von spaceclearing.com stellte, ist besonders erhellend. Die Schreiberin bezeichnete sich selbst als krempelhortende Hamsterprinzessin.

«Ich bin neun Jahre alt, und früher war ich ein totaler Hamsterer! Auf mich haben drei Viertel aller Gründe für das Krempelhorten gepasst – die ‹Für alle Fälle›-Sachen, Identität, Besitzdenken und ‹Geiz›. Ich habe jeden Brief aufbewahrt, jeden Kinoabschnitt und Kleider, die mir nicht mehr gepasst haben. Wenn alte Kleider von mir weggeben wurden, war ich wütend, und ich war traurig, wenn ich was wegwerfen musste. Jetzt will ich Ihnen danken, weil Sie das Buch geschrieben haben und ich und viele andere bestimmt auch frei sind!»

Teenager und Gerümpel

Bei allen Hormonen, die in ihnen verrückt spielen, ist es verständlich, dass das Sauber- und Gerümpelfreihalten ihrer Zimmer bei Heranwachsenden nicht unbedingt oberste Priorität hat. Sofern sie sich nicht schon in jüngeren Jahren angewöhnt haben, gerümpelfrei zu leben, werden sie eher denken, sie hätten wahrlich genug andere Sorgen. Teenagergerümpel und -chaos sind gemeinhin Spiegelbilder der inneren Tumulte, die sie durchmachen.

Einmal war ich bei einer MTV-Show mit Zuschauerbeteiligung, wo junge Leute anrufen konnten, die wissen wollten, wie sie Feng Shui im Alltag nutzen können. Die drei Hauptanliegen der Anrufenden waren: wie sie ihre Schulprüfungen bestehen, Freunde finden und das Gemecker der Eltern abstellen könnten. Die meisten Teenager brauchen emotionale und physische Privatsphäre, einige mehr, andere weniger. Das sollten Eltern respektieren, wie auch Teenager die Privatsphäre ihrer Eltern respektieren müssen. Dennoch ist es vernünftig, sich darauf zu einigen, dass das Teenagergerümpel und -chaos wenigstens auf bestimmte Räume begrenzt bleibt und sie dort regelmäßig aufräumen und sauber machen.

Gerümpel von Freunden, Nachbarn und Verwandten

Manchmal haben Leute selbst kaum Gerümpel, haben sich aber einverstanden erklärt, Sachen anderer Leute zu hüten. «Pass doch bitte auf das scheußliche Sofa auf, solange ich in Neuseeland bin.» Zwei Jahre später warten Sie immer noch auf die Rückkehr Ihres Freundes, und das Sofa hat inzwischen Wurzeln geschlagen.

Überlegen Sie es sich gut, bevor Sie zustimmen, sich Ihren eigenen Raum vollrümpeln zu lassen, und geben Sie auf jeden Fall ein Zeitlimit vor: «Okay, ich übernehme das hässliche Sofa, aber wenn du nicht binnen x Monaten zurück bist, wird es Feuerholz, geht an die Wohlfahrt oder was auch immer.» Treffen Sie eine klare Absprache, was mit dem Sofa geschehen soll, denn schließlich soll Ihre Freundschaft nicht leiden, wenn es nicht wie geplant läuft.

Eine australische Freundin von mir erzählte, wie sie jahrelang ihre Sachen einlagerte, während sie im Ausland war, insgesamt 700 Dollar dafür ausgab und schließlich 60 Dollar einnahm, als sie alles verkaufte. Machen Sie sich klar, dass die meisten Sachen, die Leute Ihnen zum Einlagern anvertrauen möchten, nicht einmal die Kartons wert sind, in denen sie stecken. Auf die Weise fällt es Ihnen ungleich leichter, deren Bitte um Abstellraum höflich abzulehnen.

15 Gerümpel und Feng-Shui-Symbolik

Einer der größten Anreize, unser Gerümpel loszuwerden, ist die Einsicht, dass es uns ganz und gar nicht gut tut, es zu behalten. Die Symbolik der Sachen in unserem Zuhause wirkt in zweierlei Hinsicht auf uns. Erstens geht es um negative Assoziationen, die bestimmte Dinge bei Ihnen auslösen, und zweitens um die Frequenzen, die von Objekten ausgehen.

Negative Assoziationen

Persönliche Assoziationen

Falls Sie viele Dinge in Ihrem Haus haben, die mit unglücklichen Assoziationen belastet sind, ist es egal, ob sie noch nützlich sein könnten – sie blockieren Ihren Raum und Ihre Psyche.

Vor Jahren hatte ich einen Freund, der die Angewohnheit hatte, im Zorn auf Sachen einzutreten. Eines Tages erwischte sein Stiefel meine Stereoanlage. Die Beziehung hielt nicht lange, aber ich behielt die Anlage. Jedes Mal, wenn ich sie benutzte, sah ich den Schaden oben an der einen Kante und erinnerte mich an den Zwischenfall, der ihn verursacht hatte. Weil der Anlage sonst nichts fehlte, benutzte ich sie weiter, und das ungefähr ein Jahr lang, bis ich sie eines Tages ansah, mir jenes Ereignis wieder einfiel und ich beschloss, nie mehr daran erinnert werden zu wollen. Mir wurde klar, dass die Stereoanlage in meinem Kopf symbolisch mit enttäuschenden Beziehungen verknüpft war.

Also ging ich los, kaufte mir eine neue Anlage und gab die alte einer Freundin, die gerade eine brauchte. Sie war sehr froh, denn sie hatte keine Ahnung, warum oben ein Stück aus dem Kunststoffgehäuse herausgebrochen war. Es störte sie auch nicht. Bei mir hingegen sank die Energie, sobald ich das Ding ansah, und es fühlte sich herrlich an, es los zu sein. Noch dazu traten fortan sehr viel nettere Männer in mein Leben.

Überholte Assoziationen

Manchmal sind die persönlichen Assoziationen nicht negativ, sondern bloß überholt. Wenn ich beispielsweise jemanden beraten soll, der eine neue Beziehung aufbauen möchte, finde ich beim Rundgang durch die Wohnung oft Dinge, die dem früheren Partner gehörten, Geschenke von ihm waren oder auch nur an ihn erinnerten: Die Betreffenden haben ihre alte Beziehung noch nicht losgelassen. Ob sie es bewusst tun oder nicht, ihre Energie wird fortwährend in die Vergangenheit zurückgelenkt, was es zwangläufig schwierig macht, etwas Neues zu schaffen.

Sind bei Ihnen, sagen wir, 50 Prozent der Möbel und sonstigen Besitztümer mit einer Lebensphase assoziiert, die Sie hinter sich lassen wollen, dann bleiben auch 50 Prozent Ihrer Energie an die Vergangenheit gebunden, sind mithin in der Gegenwart nicht verfügbar. Was Sie auch versuchen, Sie kommen nur sehr langsam voran. Das Gleiche gilt, wenn Ihr Zuhause voller Möbel, Dekorationsgegenstände oder sonstigem steht, das Sie laufend an Verwandte oder Freunde erinnert, zu denen Sie eine problematische Beziehung hatten. Sie rauben Ihnen unentwegt Energie.

Das erklärt auch, weshalb Sie es sich schuldig sind, eine wichtige neue Beziehung an einem Ort zu beginnen, an dem keiner von Ihnen zuvor gewohnt hat. Für Sie beide stehen die Chancen schlecht, solange Sie an einem Ort leben, mit dem einer von Ihnen alte Assoziationen verbindet.

Eine gründliche Space-Clearing-Zeremonie kann die alten Einprägungen tilgen, jedoch nichts gegen die mentalen und emotionalen Assoziationen ausrichten, die der Anblick bestimmter Gegenstände in Ihnen auslöst. Eine Möglichkeit, die Assoziationen zu löschen, ist die, mittels viel Zeit und Energie neue, stärkere, glücklichere und vor allem positivere Verknüpfungen herzustellen, bis Sie den Punkt erreichen, an dem Sie die alten Assoziationen komplett überdeckt und sich von ihnen gelöst haben. Eine Frau, die ich kannte, strich sämtliche viktorianischen Möbel, die sie von ihrer Großmutter geerbt hatte, in hellem Blau und Gelb, sodass es zu ihrer übrigen Einrichtung passte. Beim Malen investierte sie so viel Liebe und Freude in die Stücke, wie sie konnte. Das hat funktioniert. Wann immer sie die Möbel später ansah, waren die von ihr geschaffenen Assoziationen die stärksten.

Eine andere Methode ist, alles rauszuwerfen und neu anzufangen, was ich in meinem Leben schon zwei Mal gemacht habe. Beide Male war es eine unglaublich beängstigende, aber auch unglaublich erfrischende, belebende Erfahrung, ein echter Wendepunkt eben. Bei mir verlangten die Umstände danach, doch die meisten Menschen müssen nicht so radikal vorgehen. Bei ihnen genügt es, wenn sie schrittweise die Dinge ersetzen, denen die unproduktivsten Assoziationen anhaften.

Frequenzen

Seit langem schon kann ich die Wirkung eines Bildes fühlen, wenn ich vor ihm stehe. Vor einiger Zeit fiel mir zufällig das Buch «Die heilende Kraft der Emotionen» von John Diamond in die Hand, aus dem ich erfahren habe, wie ich das mache. Zum Beispiel zeigt er ein Foto von Winston Churchill mit einem bestimmten Gesichtsausdruck und schreibt darunter: «Bei den meisten Menschen testet der Lebermeridian schwach, wenn sie dieses Bild betrachten.» Unter einem anderen steht: «Bei den meisten Betrachtern testet der Herzmeridian schwach.» Und so geht es durch alle Meridiane weiter. Diamond hat herausgefunden, wie negative und positive Gefühlszustände mit den Energiekanälen in unserem Körper zusammenhängen.

Die chinesische Medizin lehrt uns, dass wir zwölf Hauptmeridiane besitzen, durch die sich die Energie in unserem Körper bewegt. Akupunktur basiert auf dem Harmonisieren und Ausbalancieren des Energieflusses in diesen Meridianen, um die mit ihnen verknüpften Organe zu revitalisieren. John Diamonds Forschungen zufolge wird die Funktion dieser Energiekanäle und folglich unser Gesundheitszustand an sich sehr stark von positiven und negativen Gefühlszuständen beeinflusst. Beispielsweise sagt er, dass die Leber geschwächt wird, wenn wir uns unglücklich fühlen, und gestärkt, wenn wir auf «fröhlich» umschalten. Der Herzmeridian wird von Wut geschwächt und von Liebe und Nachsicht gestärkt. Die Milz reagiert mit Schwäche auf Zukunftsangst und mit Stärke auf Zuversicht.

Was mich darin allerdings besonders fesselte, war die Anwendung aufs Feng Shui. Bei vielen meiner Beratungen stoße ich an prominenter Stelle im Haus von Leuten auf ein Bild, Foto, Gemälde, Poster, eine Statue oder ein anderes Objekt, von dem eine Frequenz ausgeht, die genau gegen alles steuert, was der betreffende Klient eigentlich will. Eine Frau besaß ein riesiges trauriges Porträt von sich, in dunklen, strengen Farben gehalten, das an dominanter Stelle in ihrem Wohnzimmer hing, gleich neben der Tür zur Küche. Sie dürfte das Bild hundertmal am Tag gesehen haben, und ich spürte sofort, dass sie deprimiert sein musste. Das Gemälde hatte sie sündhaft viel Geld gekostet, weshalb sie es nicht wegschaffen wollte. Ich überredete sie, es wenigstens für ungefähr einen Monat abzunehmen und zu beobachten, wie sie sich fühlte. Sie war erstaunt, wie viel besser es ihr ohne das Bild ging, und sie hängte es nie wieder auf.

Wie Sie die symbolische Wirkung in Ihrem Zuhause fördern

Gehen Sie durch Ihr Haus, sehen Sie sich alles an, was Sie besitzen, und fragen Sie sich: «Was sagt mir das symbolisch? Wie beeinflusst es mich energetisch? Hat es die Wirkung, die ich mir wünsche, oder ginge es besser?»

Fangen Sie damit an, alles auszusortieren, was Ihre Energie herunterzieht, wie beispielsweise zu viele Dinge, die nach unten hängen (Pflanzen, Dekorationsgegenstände etc.). Das ist besonders wichtig, wenn Sie eine niedrige Deckenhöhe haben, wo die Energie schon gedämpft ist, bevor Sie überhaupt etwas reinstellen.

Als Nächstes zählen Sie. Haben Sie Gegenstände einzeln, in Paaren oder Gruppen arrangiert? Falls alle Ihre Dekorationsgegenstände Einzelstücke sind, wird Ihnen das Leben auch eher Erfahrungen der Einsamkeit bescheren. Hätten Sie lieber eine intakte Partnerschaft, geben Sie der Energie in Ihrem Haus einen Schubs, indem Sie Gegenstände paarweise hinstellen. Glücklich verheiratete Paare kaufen von sich aus alles doppelt, weil es sich für sie richtig anfühlt (fragen Sie ruhig mal rum!). Zuerst kommt es Ihnen vielleicht seltsam vor, weil Sie so sehr daran gewöhnt sind, allein zu sein. Dennoch müssen Sie weitermachen, bis es Ihnen vollkommen natürlich erscheint, denn dann haben Sie die persönliche Energie, die Sie sich gewünscht haben.

Sehen Sie sich anschließend die Symbolik Ihres Zuhauses nach dem Feng-Shui-Bagua-Raster an. Schauen Sie alle Bereiche in Ihrem Haus insgesamt und in allen Zimmern einzeln an, ob dort die Symbolik herrscht, die Sie darin unterstützt, was Sie in Ihrem Leben tun wollen.

Ich erinnere mich an eine Klientin, die mir erzählte, sie würde sich dauernd mit ihrem Chef streiten, und im Karrierebereich ihrer Wohnung hing ein riesiges Ölgemälde mit einer Schlachtenszene.

Ein Klient, Zauberer von Beruf, war sehr erfolgreich, hatte aber Schwierigkeiten, für seine Auftritte bezahlt zu werden. Wie sich herausstellte, bewahrte er seine Täuschspiegel und sein Falschgeld im Wohlstandsbereich seines Hauses auf.

Sehen Sie sich alles bei sich zu Hause an und fragen Sie sich: «Was symbolisiert das für mich und welche Gefühle ruft es in mir hervor?» Die detaillierte Erklärung im nächsten Kapitel, wie Sie Gerümpel ausmisten, wird es Ihnen leichter machen, Ihre Siebensachen durchzuforsten.

Teil 3 **Ausmisten**

16 Wie man aufräumt

Im Folgenden finden Sie drei erprobte und bewährte Methoden, wie Sie mit Ihrem Gerümpel zu Rande kommen:

1. **Die Lasst-die-Natur-ihren-Lauf-nehmen-Methode (auch bekannt als die Entscheidungsabtretungstechnik)** Stellen Sie den betreffenden Gegenstand an einen Platz, an dem er so schnell verrottet, dass Sie ihn gar nicht mehr behalten wollen. Ein Mann, der zu einem längeren Urlaub auf Bali war, vertraute mir an: «Ich habe eine Menge Gerümpel weggeschafft und den restlichen Kram draußen in einen Schuppen gepackt. Der hat hoffentlich so viel Schimmel angesetzt, bis ich zurückkomme, dass ich ihn wegwerfen muss.»
2. **Die Warte-bis-du-tot-bist-und-lass-deine-Verwandten-sortieren-Methode** Seit Jahrhunderten ein Renner! Sie können sogar ein Testament aufsetzen, in dem Sie allen genau vorschreiben, was sie mit dem Kram machen sollen!
3. **Übernehmen Sie die Verantwortung für Ihre Sachen und misten Sie selbst aus!** Dieser Ansatz ist ungleich erhebender, hat ein viel besseres Karma und erlaubt Ihnen, sofort mit Ihrem Leben weiterzumachen, statt abzuwarten, bis Sie oder Ihr Gerümpel dahinscheiden. Folglich ist das die Methode, die ich empfehle.

Anfangen

Der zweifellos schwierigste Teil besteht darin, die Trägheit hinreichend zu überwinden, dass man überhaupt anfängt. Sobald man begonnen hat, setzt der Prozess selbst mehr Energie frei, die uns am Ball bleiben lässt. All die stagnierende Energie, die in dem Gerümpel eingesperrt war, steht uns zur Verfügung, um sie positiver zu nutzen. Und je mehr Gerümpel Sie ausmisten, umso leichter wird es, weil Sie erleben, wie gut es sich hinterher anfühlt und welche positiven Wirkungen es hat.

Meine Faustregel lautet: Wenn ich morgen ausziehen sollte und mehr als ein bis zwei Müllsäcke voll bekäme, muss ich umgehend aussortieren. An die halte ich mich, weil mein Leben auf die Weise so viel besser funktioniert. Es ist keine Pflichtübung, zu der ich mich zwingen muss, denn mir erscheint sie so sinnvoll, dass ich gar nicht mehr anders leben wollte. Und ich bin keineswegs fanatisch, sondern investiere nur regelmäßig ein bisschen Zeit, sodass alles überschaubar bleibt. Hier ein paar Hinweise, die Sie zum großen Entrümpeln motivieren dürften …

Gedanken und Gefühle sortieren

Dieses Buch sagt Ihnen nicht, Sie «sollten eigentlich» dies oder jenes tun. Es erklärt Ihnen lediglich, welche Auswirkungen das Kramhorten auf Sie hat, und Sie entscheiden dann, was Sie tun.

«Ich sollte eigentlich» ist eine dieser Wendungen, die uns augenblicklich jede Kraft rauben. Wer sie benutzt, fühlt sich schlagartig schuldig und unter Druck. Daher rate ich Ihnen, sie aus Ihrem Vokabular zu streichen und durch «Ich könnte» zu ersetzen.

Fühlen Sie mal den Unterschied: «Ich *sollte eigentlich* heute anfangen, mein Gerümpel auszumisten», oder: «Ich *könnte* heute anfangen, mein Gerümpel auszumisten.» «Ich könnte» gibt Ihnen die Wahl und erlaubt Ihnen später, das Lob für gelungene Arbeit einzustreichen. «Ich sollte eigentlich» hingegen erdrückt Sie mit dem Gefühl, versagt zu haben, sodass auch die getane Arbeit wenig Freude beschert.

Ich schlage außerdem vor, dass Sie «Ich kann nicht» konsequent durch «Ich will nicht» ersetzen. Dann machen Sie echte Fortschritte. Auch hier sollten Sie mal erfühlen, wie unterschiedlich es wirkt. «Ich *kann* mich *nicht* entscheiden, ob ich das behalte oder nicht» oder «Ich *will* mich *nicht* entscheiden, ob ich das behalte oder nicht». Beim «Ich kann nicht» sind Sie hilf- und hoffnungslos. Beim «Ich will nicht» geben Sie sich selbst die freie Wahl, und wenn Sie sich dann fragen, warum Sie etwas nicht loslassen wollen, werden Sie auf eine unterbewusste Blockade stoßen, von deren Existenz Sie wahrscheinlich nichts wussten. «Ich *will nicht* entscheiden, ob ich das behalte oder loslasse, weil es für mich Gefühle wachruft, die mit meiner Mutter/meinem Vater/meinem Partner zu tun haben …» und so fort. Tja, da haben Sie noch einige Arbeit vor sich, aber immerhin sind Sie jetzt ehrlich.

Die beste Zeit zum Entrümpeln

Jeder Zeitpunkt ist gut. Da das meiste Entrümpeln drinnen stattfindet, können Sie es bei Tag oder bei Nacht machen, zu jeder Jahreszeit, bei Regen oder Sonnenschein. Trotzdem wird Ihnen der Start umso leichter fallen, wenn Sie dieses Buch zufällig im Frühjahr lesen. Wir alle haben den natürlichen Instinkt, zu dieser Jahreszeit einmal gründlich auszumisten, denn draußen strotzt alles vor neuem

Wachstum und Anfang. Falls Sie in einem Teil der Welt leben, wo es nur zwei Jahreszeiten gibt (nass und trocken) anstelle der vier, fällt Ihnen das Ausmisten zu Beginn einer von beiden leichter.

Ebenfalls eine gute Zeit ist die, wenn Sie gerade aus dem Urlaub zurück sind. Sie bringen einen neuen Blickwinkel mit, der es Ihnen leichter macht, zu entscheiden, was Sie realistischerweise behalten müssen. Dasselbe gilt für Umzüge, die Zeit der Erholung nach einer Krankheit, der Antritt einer neuen Arbeitsstelle, eine neue Beziehung oder sonstige Phasen, in denen Ihr Leben eine neue Richtung einschlägt. Aber schieben Sie das Warten auf solcherlei Ereignisse jetzt nicht als Entschuldigung vor, weshalb Sie jetzt nicht anfangen. Ich wiederhole: Jede Zeit ist die richtige!

Im Allgemeinen empfehle ich mindestens einen Gerümpel-Check pro Jahr, und möchten Sie wirklich ein Leben ohne Stagnation, müssten Sie Ihre Sachen immer wieder kontrollieren. Schaffen Sie zuerst einen großen Schwung raus, und halten Sie danach alles auf überschaubarem Maß.

Langsam oder schnell?

Menschen haben unterschiedliche Mengen und Arten von Gerümpel, ganz zu schweigen von ihrer unterschiedlichen Bereitschaft, sie loszulassen. Dabei lassen sie sich in zwei Persönlichkeitstypen unterteilen: Der eine Typ wird dieses Buch lesen, alle Termine absagen und durch sein Haus wüten wie ein Multivortex-Tornado, während der andere Typ schrittweise vorgeht. Wenn Sie mehr Zeit brauchen, dann brauchen Sie sie eben. Akzeptieren Sie es. Es kann sein, dass Sie zu beschäftigt sind, zu gestresst oder zu überwältigt von der schieren Masse Ihres Gerümpels. Gehen Sie es in Ihrem eigenen Tempo an, wie auch immer das aussehen mag, und machen Sie nur so viel auf einmal, wie Sie können. Beachten Sie aber folgende Punkte:

Wenn Sie sehr beschäftigt sind – denken Sie daran, dass Sie irgendwie die Zeit FINDEN, den ganzen Kram anzuschaffen, also KÖNNEN Sie auch die finden, ihn wieder loszuwerden.

Wenn Sie gestresst sind – sei Ihnen gesagt, dass Gerümpel ausräumen die beste Therapie überhaupt gegen Sorgen, Stress und Angst ist.

Wenn Sie sich überwältigt fühlen – wird das aufhören, sobald Sie den einfachen Schritten folgen, die bereits Millionen Menschen geholfen haben, sich von ihrer Last zu befreien, einschließlich solchen, die viel übler zugerümpelt waren als Sie (Sie wären nicht bis hierher in dem Buch gekommen, wären Sie ein solch schlimmer Fall).

Machen Sie eine Liste

Als Erstes wandern Sie mit Notizblock und Stift durch Ihr Haus und notieren sich die Gerümpelzonen in jedem Zimmer. Falls Sie nicht zu Hause sind (oder faul?), schließen Sie die Augen und stellen sich vor, wie Sie durch Ihre Zimmer gehen. Sie werden feststellen, dass Sie genau wissen, wo Ihr Gerümpel sich befindet.

Danach nehmen Sie sich ein weiteres Blatt und schreiben die Liste neu, wobei Sie mit den kleineren Gerümpelzonen beginnen und sich langsam nach unten zu den Monsterhaufen vorarbeiten.

Beispiele für kleine Gerümpelzonen wären: hinter Türen, einzelne Schubladen, Badezimmerschrank, kleine Schränke, Aktentaschen, Werkzeugkästen.

Mittlere Gerümpelzonen sind Kleiderschränke, Küchenschränke, Wäscheschränke, Schreibtische, Aktenschränke etc.

Große Gerümpelzonen sind Abstellräume, Keller, Dachböden, Gartenschuppen, Garagen und alle sonstigen zugemüllten Bereiche, die zur Entrümpelung offensichtlich einige Zeit benötigen.

Jetzt markieren Sie die Bereiche mit einem Sternchen, in denen Sie das Gerümpel am meisten stört. Mit denen sollten Sie beginnen. Fangen Sie mit den kleinsten an. Erarbeiten Sie sich erst einmal ein paar Erfolgserlebnisse, die Sie motivieren und stärken, um die größeren Bereiche danach zu bewältigen. Und sobald Sie merken, wie gut es sich anfühlt, die Zonen frei zu räumen, die Sie richtig nerven, werden Sie umso enthusiastischer jene Bastionen in Angriff nehmen, bei denen Sie sich gewünscht hätten, ihr Gerümpel würde sich von allein in Luft auflösen.

Motivieren Sie sich

Es ist ebenfalls sehr motivierend, wenn Sie mit Hilfe des Feng-Shui-Bagua-Rasters (siehe Kapitel 8) überprüfen, welche Lebensbereiche Sie sabotieren, indem Sie an den entsprechenden Orten Sperrmüll angehäuft haben. Die meisten Leute sind erstaunt, wie genau das System ist. Überlegen Sie dann in Ruhe, wie Sie den Bereich Ihres Lebens künftig gern hätten. Mit dieser klaren Vorstellung im Kopf werden Sie leichter anfangen und dabeibleiben können, bis alles geschafft ist.

Space Clearing als Hilfe zum Ausmisten

Die Informationen in diesem Buch soll Sie hinreichend motivieren, selbst Ihr Gerümpel in den Griff zu bekommen. Haben Sie allerdings sehr viel davon oder fühlen sich nach der Lektüre noch nicht genügend motiviert, kann Ihnen eine richtige Space-Clearing-Zeremonie enorm helfen, überhaupt den Anfang zu machen. Idealerweise sollten Sie natürlich vorher Ihr Gerümpel aus dem Haus schaffen. Doch falls das bei Ihnen so einen riesigen Arbeitsaufwand erfordert, dass Sie es gar nicht bewältigen können, überspringen Sie den Teil der Space-Clearing-Vorbereitungen und führen den Rest der Zeremonie durch, um die Raumenergie in Bewegung zu bringen.

Später, nachdem Sie Ihr Gerümpel hinausgeräumt haben, werden Sie ein anderer Mensch sein. Dann brauchen Sie ein zweites Space Clearing, um Ihr Zuhause auf die Frequenzen anzuheben, auf denen Ihr neues Selbst schwingt. Aber lassen Sie sich nicht von dem Gedanken abschrecken, dass Sie die Zeremonie zweimal machen müssen. Wie jeder mit Gerümpel weiß, ist alles im Leben harte Arbeit, bis man es in Ordnung bringt, also wird es Sie wohl nicht überraschen, dass diese Binsenweisheit auch auf Ihr Entrümpeln zutrifft. Space Clearing ist die schnellste Methode, die ich kenne, um steckengebliebene Energien freizusetzen, die sich um Gehortetes bilden, und haben Sie erst entdeckt, wie sehr es Ihnen hilft, Ihren Krempel loszuwerden, wird es Ihnen gar nichts ausmachen, die Zeremonie zweimal durchzuführen.

Eine Beschreibung des genauen Ablaufs der Zeremonie finden Sie in meinem ersten Buch «Heilige Orte erschaffen mit Feng Shui».

Inzwischen dürften Sie eine ungefähre Vorstellung davon haben, wie viel Gerümpel Sie aussortieren wollen, also müssen Sie nun Mittel finden, wie Sie es aus dem Haus/vom Grundstück schaffen. Sofern Sie nicht bereits beschlossen haben, einen Container zu bestellen und alles auf einmal zu entsorgen, nehmen Sie sich ein paar Pappkartons und/oder Müllsäcke, die Sie haben. Die sind fortan Ihre kleinen Helfer.

Gehen wir mal davon aus, dass Sie sich für Kartons entschieden haben. Die Grundausstattung, die Sie brauchen, sind:

- **ein Müllkarton** für Wegwerfgerümpel, das nur noch auf die Müllhalde kann;
- **ein Reparaturkarton** für Gegenstände, die repariert, geändert, renoviert etc. werden müssen. Packen Sie in den nur solche Sachen, die Sie wirklich wollen oder brauchen, und setzen Sie sich eine Frist, innerhalb deren Sie sie reparieren oder was auch immer;
- **ein Recycling-Karton** für Dinge, die recycelt, verkauft, getauscht, gespendet werden können. Entlassen Sie sie zurück in die Welt, auf dass sie jemand anders benutzen kann;
- **ein Übergangskarton** für die Dinge, die auf dem Weg woanders hin in Ihrem Haus sind (in ein anderes Zimmer oder an einen Platz, der für sie noch geschaffen werden muss, indem Sie dort das Gerümpel ausmisten).

Bis Sie ein wenig erfahrener im Aussortieren sind, werden Sie voraussichtlich noch einen fünften Karton brauchen:

- **ein Dilemmakarton** für Dinge, bei denen Sie noch hin und her gerissen sind, ob Sie sie behalten oder loslassen wollen (hierauf gehen wir in diesem Kapitel noch näher ein).

Beim Aussortieren kann es außerdem vorkommen, dass Sie Ihre Recyclingkartons noch weiter unterteilen wollen. Hier bieten sich beispielsweise an:

- **ein Geschenkekarton** für Dinge, die Sie an Freunde oder Verwandte weitergeben wollen;
- **ein Wohlfahrtskarton** für alles, was Sie an wohltätige Organisationen, Büchereien, Schulen, Krankenhäuser etc. spenden möchten;
- **ein Rückgabekarton** für Dinge, die anderen gehören und zurückgegeben werden müssen;
- **ein Verkaufskarton** für Dinge, die Sie noch verkaufen oder gegen etwas anderes eintauschen können;
- **andere Kartons** für alle Recyclingarten (Papier, Flaschen etc.).

Entrümpeln

Fangen Sie klein an. Suchen Sie sich zuerst nur einen überschaubaren Bereich aus, in dem das Aussortieren einfach ist. Eine Schublade oder ein kleiner Schrank eignen sich dafür. Schenken Sie sich selbst die Befriedigung, diesen Bereich von Ihrer Liste abhaken zu können, wenn Sie fertig sind. Die meisten Leute fühlen sich ziemlich gut, nachdem sie einen Bereich geschafft haben, und sind entsprechend motiviert, sich den nächsten vorzunehmen – und danach vielleicht noch einen weiteren. Jeder kleine Bereich gibt Energie für Sie frei, mehr anzupacken. Gehen Sie in Ihrem Tempo vor und machen Sie nur so viel auf einmal, wie Sie wirklich mit Freude tun. Das kann ein paar Stunden, ein paar Tage, ein paar Wochen oder auch ein paar Monate dauern, je nachdem, wie viel Gerümpel Sie haben und wie wild entschlossen Sie sind, alles auszumisten. Und denken Sie daran:

Die Geschwindigkeit, in der die positiven Veränderungen in Ihrem Leben auftauchen, steht im direkten Zusammenhang mit dem Elan und der Entschiedenheit, mit denen Sie Ihr Gerümpel loswerden.

Wenn Sie ein paar der kleineren Bereiche geschafft haben, fangen Sie mit den mittelgroßen an und schließlich den richtig großen, aber teilen Sie sich alle in einzelne Abschnitte, die auch wirklich zu bewältigen sind. Nehmen Sie sich Schränke zum Beispiel Fach für Fach vor und Zimmer Bereich für Bereich. Auf die Weise können Sie sich durch Ihr ganzes Haus arbeiten und dabei an Zutrauen gewinnen.

Begehen Sie nicht den Fehler, alles aus Ihren Schränken herauszuholen, es in der Zimmermitte aufzustapeln und den gesamten Inhalt auf einmal durchsortieren zu wollen. Ich habe noch nie von jemandem gehört, dem diese Methode geholfen hat.

Falls bei Ihnen hingegen sowieso schon alles in der Zimmermitte aufgehäuft ist, dann müssten Sie zunächst einmal dafür sorgen, dass Sie genügend Stauraum haben, in dem Sie die Sachen erst einmal unterbringen. Danach teilen Sie den Berg in handliche, überschaubare Einheiten, die Sie eine nach der anderen durchgehen.

Wie Sie Ihre Sachen sortieren

Schaffen Sie beim Ausmisten keine neuen Haufen mit Dingen, über deren Schicksal Sie später entscheiden wollen. Nehmen Sie jeden Gegenstand in die Hand und entscheiden Sie hier und jetzt, was damit zu geschehen hat. Bleibt er oder geht er? Wenn er geht, stecken Sie ihn sofort in den Müll- oder Recyclingkarton. Wenn er bleibt, aber noch repariert werden muss, stecken Sie ihn in den Reparaturkarton. Bei allem, was bleibt, entscheiden Sie gleich, wo es hin soll, und packen es dorthin oder stecken es in den Übergangskarton, der eine großartige Erfindung ist, denn er bewahrt Sie davor, sich ablenken zu lassen, indem Sie während der Entrümpelungsaktion im Haus suchend herumwandern.

Am Ende jeder Aussortierphase nehmen Sie sich Ihren Übergangskarton und verteilen den Inhalt auf die vorgesehenen Plätze. Falls die Stellen noch besetzt sind, weil Sie sie noch nicht aufgeräumt haben, bleiben die betreffenden Gegenstände in dem Karton. Das ist zwar nicht ideal, aber vorerst das Beste, was Sie tun können.

Machen Sie den ganzen Vorgang zu einem Vergnügen. Entscheiden Sie jetzt, dass alles, was Raum in Ihrem Zuhause einnimmt, einen echten Zweck haben muss. Fragen Sie sich: «Besteht dieses Ding den Gerümpeltest?»

Der Gerümpeltest

1. Hebt es meine Energie, wenn ich daran denke oder es ansehe?
2. Mag ich es wirklich gern?
3. Ist es tatsächlich nützlich?

Ist Ihre Antwort auf mindestens eine dieser Frage kein inbrünstiges «Ja», was hat dieser Gegenstand dann in Ihrem Leben zu suchen?

Hebt es meine Energie, wenn ich daran denke oder es ansehe? Der verlässlichste Teil des Gerümpeltests liegt darin, zu erkennen, ob Sie sich energetisch gestärkt fühlen oder nicht. Ihr Verstand kann Sie an der Nase herumführen und alle möglichen Entschuldigungen erfinden, weshalb Sie Sachen behalten müssen, aber Ihr Körper kennt die Wahrheit und lügt nie. Vertrauen Sie Ihrem Gefühl.

Mag ich es wirklich gern? Wenn ja, inspiriert es mich oder ist es einfach nur «nett»? Habe ich für mein Bedürfnis schon genug von solchen Sachen? Assoziiere ich damit Trauriges in meinem Leben, obwohl ich es richtig gern mag?

Ist es tatsächlich nützlich? Falls ja, wann habe ich es das letzte Mal benutzt und wann werde ich es wieder benutzen – wenn ich es realistisch betrachte?

Der Dilemmakarton

Während Sie noch den Dreh des Entrümpelns lernen, brauchen Sie wahrscheinlich einen Dilemmakarton, weil Sie auf Dinge stoßen, von denen Sie wissen, dass sie Gerümpel sind, von denen Sie aber noch nicht trennen können. Stecken Sie die in den Dilemmakarton und packen Sie ihn in die hinterste, dunkelste Ecke eines Ihrer Schränke. Tragen Sie im Kalender ein, wann Sie sich wieder den Karton vornehmen wollen – sagen wir, in sechs Monaten. An dem Datum versuchen Sie, sich daran zu erinnern, was in dem Karton ist, bevor Sie hineinsehen. Die Chancen stehen recht gut, dass Sie es vergessen haben, womit bewiesen wäre, dass Sie die Sachen eigentlich gar nicht brauchen. Sie konnten auch wunderbar ohne sie leben.

Sie könnten auch einen Freund den Karton für Sie öffnen lassen. (Wählen Sie aber jemanden aus, der nicht selbst Kramhorter ist und der es schwer verständlich findet, warum andere Leute Dinge horten.) Alles, woran Sie sich erinnern und was Sie nach wie vor wirklich nutzen wollen, können Sie behalten. Alles andere nimmt Ihr Freund mit und macht damit, was er für richtig hält. Aber Sie sehen die Sachen nie wieder. Empfinden Sie diese Variante als zu extrem, öffnen Sie den Karton selbst, und gehen Sie den Inhalt noch einmal durch. Denken Sie daran, dass Sie nichts davon in der Zeit brauchten, die es einlagerte.

Eine Frau erzählte mir, sie hätte solche Sorge gehabt, dass sie es bereuen könnte, etwas wegzuwerfen, dass sie die Sachen in drei große Müllsäcke packte und drei Nächte lang mit ihnen in ihrem Schlafzimmer schlief. Ihr Gedanke war, dass, sollte irgendwas in den Säcken sein, was sie schmerzlich vermissen könnte, sie mitten in der Nacht aus dem Bett springen und es aus dem Müllsack holen würde. Doch sie schlief Nacht für Nacht friedlich durch, und am vierten Morgen warf sie die Säcke frohgemut in die Mülltonnen. Sie vermisste nichts.

Sauber machen

Falls bei Ihnen zu Hause eher eine wüste Unordnung herrscht als ein Überfluss an Dingen, empfehle ich Ihnen folgende Methode, den nötigen Schwung dafür zu bekommen, Ihr Haus in Ordnung zu bringen und es in diesem Zustand zu halten.

Fangen Sie in einer Zimmerecke an. Heben Sie irgendetwas auf, was dort herumliegt und weggeräumt werden muss. Sagen wir, es ist ein Hemd. Reden Sie laut mit sich selbst, in einer Art Sprechgesang, und beschreiben Sie, was Sie tun. «Ich hebe das Hemd auf und gehe zur Schublade. Ich öffne die Schublade und packe das Hemd hinein.» Dann holen Sie sich noch ein paar andere Sachen aus derselben Ecke. «Ich hebe die Zeitung auf und werfe sie in den Papierkorb. Ich nehme das Buch und stelle es ins Regal.» Und so weiter.

Ihre Sätze müssen alle einen ähnlichen Rhythmus haben und zweizeilig sein: Di-da-di-da-di-da und Di-da-di-da-di-da. Das ist der Rhythmus, der Sie mitnimmt und die Arbeit vergnüglich macht. Kinder lieben es, auf diese Weise aufzuräumen. Zudem bedeutet der Sprechgesang, Ihr mentaler Dialog ist bereits besetzt, sodass Sie nicht von Ihrer üblichen Unentschlossenheit gebremst werden können oder sich in Details verlieren. Sie bleiben im Rhythmus und machen weiter. Beginnen Sie in einer Ecke und arbeiten Sie sich durch den Raum, bis er frei ist. Mit ein bisschen Übung können Sie sich sogar Reime ausdenken!

Das Gerümpel wegschaffen

Machen Sie sich nicht die ganze Arbeit und lassen dann den letzten Schritt aus, die Sachen wegzuschaffen. Das nämlich ist der entscheidende Punkt beim Entrümpeln.

Das Wegwerfen von Sachen, die niemand mehr gebrauchen kann, ist die schnellste und einfachste Entsorgungsvariante. Mieten Sie einen Container, in dem alles abgefahren wird, oder laden Sie die Sachen in einen Pkw oder Transporter und fahren sie selbst zum örtlichen Recyclinghof, oder stecken Sie alles in Ihre Mülltonne, die die Müllabfuhr leert. Es fühlt sich sehr gut an, den Müll schnellstmöglich aus Ihrem Zuhause zu bekommen.

Recycling Die zweitsimpelste Lösung ist das Recycling, und in vielen Ländern ist es heute genauso einfach (und um ein Vielfaches umweltfreundlicher), Dinge ins Recycling zu geben wie sie wegzuwerfen. Heutzutage kann erstaunlich viel recycelt werden. Eine kurze Internetsuche zum «Recycling» und dem Gegenstand, den Sie loswerden wollen, und zumeist haben Sie sofort eine Antwort.

Verschenken Geschenke an Freunde, Verwandte, die Wohlfahrt oder andere verdienstvolle Organisationen bedürfen oft eines gewissen zeitlichen Vorlaufs. Eventuell müssen Sie warten, bis Sie einen bestimmten Freund wiedersehen oder es bei einer Organisation, Schule, Bücherei, einem Krankenhaus etc. abgeben können. Manchmal lässt sich die Sache beschleunigen, indem Sie die Dinge, die Sie verschenken wollen, ins Internet stellen. Entscheiden Sie sich allerdings für das direkte Verschenken, setzen Sie sich eine Frist (sagen wir, Ende diesen oder nächsten Monats), und nehmen Sie sich vor, den betreffenden Gegenstand dann zum Recycling oder Müll zu bringen, wenn Sie ihn nicht losgeworden sind.

Verstehen Sie mich nicht falsch. Ich bin unbedingt dafür, dass Ex-Gerümpel an Menschen weitergereicht wird, die es gebrauchen können und zu schätzen wissen, aber meiner Erfahrung nach steckt der meiste Kram, den Leute verschenken wollen, einfach in Kartons oder Tüten, die es nie vor die Haustür schaffen. Solange Sie noch nicht wirklich routiniert im Entrümpeln sind, mag es daher wenig ratsam sein, dass Sie sich den Luxus des Verschenkens erlauben. Werden Sie alles so schnell wie möglich los – wenn auch auf eine möglichst umweltverträgliche Art.

Sachen zurückgeben Auch das kann eine Weile dauern. Sie müssen die Leute kontaktieren, denen die Sachen gehören, und sie bitten, anflehen oder auffordern, sie aus Ihrem Haus zu holen. Setzen Sie auch hier eine vernünftige Frist, und weisen Sie darauf hin, dass, sollten die Sachen bis dahin nicht abgeholt sein, Sie alles so entsorgen werden, wie Sie es für angemessen halten. Alternativ könnten Sie kleinere Gegenstände auch per Post schicken oder selbst zu ihren Besitzern bringen.

Verkaufen Das kann sogar noch länger dauern, weil Sie nun jemanden finden müssen, der für Ihren Kram Geld bezahlt. Normalerweise ist Verkaufen keine ratsame Methode für einen Anfänger, es sei denn, Sie haben einen Entrümpler, der Ihnen alles auf einmal abnimmt, oder Sie entscheiden sich für einen privaten Flohmarkt (eine hervorragende Idee übrigens).

Tauschen Hier wird es noch schwieriger, denn nun suchen Sie nach jemandem, der das haben will, was Sie weggeben, und selbst etwas hat, was Sie wollen. Auch in dem Fall setzen Sie sich ein Datum. Sollten Sie bis dahin niemanden gefunden haben, der mit Ihnen tauscht, verkaufen Sie die Sachen, verschenken Sie sie oder geben Sie sie weg.

Reparieren, Ändern und Renovieren Diese Optionen können die allerlängste Zeit in Anspruch nehmen. Noch dazu ist höchst unwahrscheinlich, dass sie überhaupt umgesetzt werden. Vielmehr stehen die Chancen sehr gut, dass die Sachen in einem Jahr – oder in zehn – immer noch nicht repariert, geändert oder renoviert sind. Seien Sie besonders vorsichtig mit obskuren Gegenständen, bei denen Sie sich einreden, Sie würden sie eines Tages in etwas Nützliches verwandeln, oder solchen, die Sie behalten, bis Sie etwas anderes dazugekauft haben, mit dem zusammen sie erst brauchbar werden.

Entrümpeln wird leichter, je häufiger Sie es tun

Wie bei allem, was wir lernen, ist auch das Entrümpeln eine Fertigkeit, die wir entwickeln können. Stellen Sie es sich vor, als müssten Sie Ihren «Entrümpelungsmuskel» trainieren. Je häufiger Sie es tun, umso besser werden Sie darin und umso leichter fällt es Ihnen. Zuerst allerdings kann es sich ziemlich anstrengend anfühlen.

Nach ein paar Erfolgserlebnissen, also nachdem Sie den «B-Faktor des Entrümpelns» kennengelernt haben, wie ich es nenne, wird aus dem anfänglichen Angang ein echtes Vergnügen. «B» steht in diesem Fall für «Begeisterung» – das wunderbare Gefühl, das sich einstellt, wenn wir eine Aufgabe erfolgreich abgeschlossen haben. Sie beschließen, eine kleine Schublade aufzuräumen, tun es, und die Begeisterung, die darauf folgt, ist herrlich. Alle Energieblockaden in

Ihrem Körper sind gelöst, das Versagen bei früheren Aufräumversuchen überdeckt, und Sie fühlen sich, als könnte Sie nichts mehr aufhalten.

Einer meiner Klienten, der sein Leben lang ein Horter war, entwickelte eine solche Begeisterung fürs Entrümpeln, dass er mir erzählte, er würde manchmal von der Arbeit heimkommen, seine Frau und die Kinder begrüßen und dann nach oben in sein Schlafzimmer gehen, eine Schublade öffnen und irgendetwas rausnehmen, wie etwa ein altes Sockenpaar, das er aus purem Vergnügen wegwirft! Er hat den B-Faktor entdeckt. Im Grunde genommen können Sie das jedes Mal erleben, wenn Sie entscheiden, etwas zu machen und es tatsächlich tun. Das beschränkt sich nicht allein aufs Entrümpeln. Der B-Faktor ist es, was erfolgreiche Leute inspiriert, mehr zu tun.

Verwöhnen Sie sich

Ich schreibe dieses Buch in der Absicht, Ihnen die Vorzüge des Entrümpelns so schmackhaft zu machen, dass Sie dauerhaft jeden Widerwillen dagegen verlieren. Gehen Sie mit der Einstellung ans Werk, dass Sie sich verwöhnen, indem Sie sich erlauben, Ihr Gerümpel auszusortieren. Später, wenn Sie die Vorteile erfahren haben, werden Sie sich umso häufiger auf diese Weise verwöhnen wollen. Wie eine Frau mir sagte: «Mir war nie klar, dass das Loswerden von materiellen Dingen genauso viel Freude macht wie das Anschaffen!»

Denken Sie daran, Sie müssen nicht auf Perfektion hinarbeiten. Nehmen Sie sich zunächst nur die Sachen vor, die Ihre Räume verstopfen, und widmen Sie sich dann anderem. Schließlich haben Sie auch noch ein Leben.

Loslassen ist sicher

Bestärken Sie sich selbst, wenn Sie Ihre Sachen durchgehen. «Es ist sicher, Dinge loszulassen.» Beim Ausmisten geht es vor allem darum, loszulassen und dem Leben zu vertrauen, dass es uns bringt, was wir brauchen, wenn wir es brauchen. Alles, was wir «für alle Fälle» behalten, behalten wir aus Angst.

Wenn Sie eine Menge Gerümpel haben, müssen Sie es vielleicht mehrmals durchgehen, ehe Sie sich bereit fühlen, einige Dinge gehen zu lassen. In manchen Fällen kann es ein ganzes Jahr oder länger dauern, bis Sie sich schließlich eingestehen, dass etwas überhaupt nie nützlich gewesen ist.

Die sieben besten Entrümpelungstipps

Zum Abschluss des Kapitels bekommen Sie noch sieben bewährte Tipps für effektives Entrümpeln:

1. **Finden Sie Ihre effektivste Aufräumzeit des Tages** Die meisten Menschen stellen fest, dass es eine bestimmte Tageszeit gibt, zu der sie am besten aufräumen und aussortieren können. Meine ist vormittags. Andere sortieren am liebsten abends oder sogar die Nacht hindurch. Finden Sie heraus, zu welcher Zeit Sie am leichtesten Entscheidungen fällen, und räumen Sie dann auf.
2. **Terminplanung fürs Entrümpeln** Legen Sie jetzt fest, wann Sie anfangen wollen, und tragen Sie es sich in den Kalender ein. Treffen Sie eine Verabredung mit sich, und versetzen Sie sich nicht. Es muss kein ganzer Tag sein. Wenn Sie wollen, treffen Sie einfach eine Reihe von Zehn-Minuten- oder Halbe-Stunden-Verabredungen.

3. **Ein Zeitfenster für jede Aufgabe** Es ist allgemein bekannt, dass alle Aufgaben die Zeit ausfüllen, die für sie vorgesehen ist. Falls Sie sich also sagen, Sie räumen Ihr Gerümpel auf, bis Sie fertig sind, brauchen Sie sich nicht zu wundern, dass es ewig dauert. Setzen Sie sich eine feste Zeit für jede einzelne Aufgabe. Teilen Sie sie in Abschnitte, entscheiden Sie, wie lange Sie für jeden brauchen, und stellen Sie die Zeitschaltuhr an. So arbeiten Sie gegen die Uhr und erledigen jede Teilaufgabe innerhalb des Zeitlimits, das Sie sich gesetzt haben.

   Sie können diese Technik auch auf andere Aufgaben anwenden. Für Arbeiten, die Sie am Computer erledigen, gibt es beispielsweise sehr gute Softwareprogramme, die Sie benutzen können. Mein Favorit ist ein Gratisdownload namens «Cool Timer» von www.harmonyhollwo.net. Anstelle eines langweiligen Bimmelns können Sie als Schlusston jeden Soundtrack eingeben, den Sie auf dem Computer haben. Das Manuskript dieses Buchs habe ich mit genau dieser Technik in 60-Minuten-Einheiten überarbeitet.

   Falls Sie jemand sind, der gern Dinge aufschiebt, weil Sie den Adrenalinschub mögen, der sich mit dem Fertigwerden in letzter Minute einstellt, werden Sie das Vorgehen nach Zeiteinheiten lieben. Auf die Weise müssen Sie nicht auf die große Deadline warten. Sie kriegen Ihren Kick gleich mehrmals am Tag. Dennoch möchte ich Sie warnen: Mit zunehmender Übung lernen Sie, Ihre Zeitvorgaben ohne Uhr einzuhalten, und werden routinemäßig Aufgaben in der vorgegebenen Zeit erledigen. Also benutzen Sie die Technik nur, wenn der Rest Ihres Lebens interessant genug ist, dass Sie keine Adrenalinschübe brauchen (Ihre Nieren werden es Ihnen danken und Ihnen umso länger dienen).
4. **Legen Sie Musik auf** Schalten Sie richtige Boxen ein (keine Kopfhörer) und drehen Sie die Lautstärke so weit auf, dass Sie das Bedürfnis haben zu tanzen. Die besten Resultate erzielen Sie, indem Sie Ihren CD-Player auf *automatische* Wiederholung programmieren, sodass er immer weiterspielt. Die meisten Leute bleiben zwei- bis

dreimal länger dabei, wenn sie die richtige Musik hören. Meiden Sie CDs, die zwischen schneller und langsamer Musik wechseln, denn bei den Schmusesongs verlieren Sie an Schwung. Haben Sie reichlich Gerümpel auszusortieren, kann es eine gute Zeitinvestition sein, sich eine eigene Musikzusammenstellung nur für diesen Zweck machen. Doch tun Sie es nicht, um das Ausmisten weiter aufzuschieben!

5. **Tragen Sie etwas Rotes** Genau wie rote Tanzschuhe Ihren Füßen Lust aufs Tanzen machen, macht Ihnen rote Kleidung Lust, aktiv zu werden. Sollten Sie nichts Rotes besitzen, wählen Sie Farben aus dem warmen Ende des Spektrums (Orange, Gelb etc.) statt kühlere Farben wie Blau. Viele Menschen bewahren ihr Gerümpel, weil es beruhigend auf sie wirkt. Ziehen Sie deshalb warme, beruhigende Farben an, während Sie Ihre Sachen durchgehen, denn dann fällt Ihnen das Loslassen leichter.
6. **Tragen Sie kein Schwarz oder Grau** Schwarz zieht niedrige Schwingungen an und bewirkt, dass Sie sich schnell müde fühlen. Grau ist ebenfalls keine gute Farbe, weil sie Ihnen die Entscheidung, was bleibt und was geht, schwerer macht.
7. **Belohnen Sie sich für gute Arbeit** Es liegt in der menschlichen Natur, Lob erfahren zu wollen. Wenn Sie sich für Ihr Entrümpeln in irgendeiner Weise belohnen, wird sich der lobempfängliche Teil von Ihnen daran erinnern und es künftig wieder wollen. Versprechen Sie sich selbst, sich nach getaner Arbeit zu belohnen: mit einer Massage, einem Kinobesuch, einer Verabredung oder etwas, was für Sie möglich, erschwinglich und etwas Besonderes ist.

17 Zeitgerümpel

Viele Leute lassen sich durch das Lesen dieses Buches anstacheln, ihr Gerümpel auszumisten, stellen dann jedoch fest, dass sie einfach viel zu beschäftigt sind, um das Gelernte in die Praxis umzusetzen.

Wir leben in einer geschäftigen Welt, in der es immer weniger Zeit zu geben scheint. Wie Benjamin Hoff es in seinem Buch «Tao Te Puh: Das Buch vom Tao und von Puh dem Bären» so eloquent formuliert:

«Würden zeitsparende Geräte tatsächlich Zeit sparen, müsste es heute mehr verfügbare Zeit für uns geben als jemals zuvor in der Geschichte. Aber seltsamerweise scheinen wir heute sogar weniger zu haben als noch vor ein paar Jahren. Es macht wirklich Spaß, an Orte zu reisen, wo es keine zeitsparenden Geräte gibt, denn dort stellen wir fest, dass wir massenweise Zeit haben. Überall sonst sind wir viel zu sehr mit der Arbeit beschäftigt, die uns Geld für Maschinen einbringt, mit denen wir Zeit sparen, damit wir nicht mehr so viel arbeiten müssen.»

Physiker sind nicht einmal sicher, ob Zeit existiert. Sie sagen, dass das Verstreichen von Zeit nur die Art sein könnte, wie wir wahrnehmen, die Zeit selbst eine Illusion sein könnte, bloß eine Frage des Blickwinkels. Uns jedoch erscheint sie hinreichend real, und deshalb ist es für den Entrümpelungsprozess wichtig, effektiv mit ihr umzugehen.

Prioritäten setzen

Der erste und wichtigste Schritt zum Bewältigen von Zeitgerümpel ist, dass wir Prioritäten setzen. Legen Sie Ihre obersten Prioritäten fest und passen Sie Ihr Leben ihnen an, nicht umgekehrt. Die meisten Leute planen zunächst alle Termine und versuchen dann, ihr Leben in die Lücken zu quetschen. Das ist ein sicheres Rezept, am Ende Ihrer Tage zu erkennen, dass Sie nie herausgefunden haben, was wirklich wichtig ist, oder sich dafür keine Zeit genommen haben.

Vorbedingung fürs Prioritätensetzen ist eine ernsthafte Innenschau. Vielen kommt die wie eine ziemliche Herausforderung vor, obwohl sie eigentlich gar nicht so schwierig ist. Nach den vielen Jahren, in denen ich mit Menschen gearbeitet habe, bin ich zu der Einsicht gekommen, dass die Prioritätenliste von Mensch zu Mensch gar nicht besonders stark variiert. Entscheidend ist, dass Sie erkennen, was Ihnen wichtig ist. Dabei sollten Sie bedenken, dass sich Prioritäten je nach Lebensstadien ändern. Seien Sie sich über Ihre Prioritäten im Klaren, denn das hilft Ihnen, den Überblick zu behalten und sich nicht in alltäglichen Details zu verlieren.

Prioritäten bestimmen

Wenn ich Sie sich jetzt fragen würde, was die fünf wichtigsten Dinge in Ihrem Leben sind, ohne die nichts anderes funktioniert, was antworten Sie?

Vielleicht wäre Ihre prompte Antwort, dass Ihre Gesundheit und Fitness das Wichtigste sind, weil es ohne die schwierig wird, überhaupt etwas zu tun. Haben Sie je eine chronische Erkrankung, irgendeine gesundheitliche Krise durchgemacht oder bei jemand anders miterlebt, sind Sie besonders sensibilisiert dafür, wie wichtig Gesundheit ist.

Vielleicht sagen Sie auch, Ihnen sind Beziehungen am wertvollsten – die Familie, die Freunde oder die Paarbeziehung. Oder Sie schätzen die Karriere am höchsten. Für manche Leute steht der Beruf an erster Stelle, und Beziehungen, Gesundheit sowie alle anderen Lebensaspekte rangieren dahinter.

Wenn Sie dieses Buch lesen, sind Sie wahrscheinlich in einer Phase Ihres Lebens, in der die Gestaltung eines Zuhauses oder Arbeitsumfeldes, das Sie stärkt und stützt, eine hohe Priorität hat.

Oder eventuell ist Ihnen auch Wohlstand, finanzielle Unabhängigkeit, Reisen, Abenteuer, Lernen, einer schönen Aktivität nachgehen oder Sonstiges, was ich nicht aufgelistet habe, das Wichtigste. Hauptsache, Sie finden heraus, wofür Sie brennen, was Sie entflammt, wofür Sie Leidenschaft empfinden. Ihre Prioritäten ergeben sich daraus.

Beachten Sie, dass ich Glück ausgelassen habe. Das geschah mit Absicht, denn Glück bedeutet für verschiedene Menschen ganz Unterschiedliches. Das wird sehr anschaulich bei den Antworten einer psychologischen Testgruppe (Emmons und McCullough, 2003), deren Teilnehmer gefragt wurden, was sie als den größten Segen in ihrem Leben betrachteten. Ihre Antworten reichten von «ein gesunder Körper» über «meine Mama» bis hin zum «Instant Messenger». So viel dazu.

Vielleicht halten Sie in Ihrer gegenwärtigen Situation alle bisher von mir aufgezählten Prioritäten für puren Luxus, weil das Wichtigste in Ihrem Leben ist, jeden Tag genug zu essen zu bekommen, Kleidung zu haben, die Sie wärmt, und einen sicheren Platz zu finden, an dem Sie sich aufhalten können. Bevor Ihre Grundbedürfnisse nicht erfüllt sind, nehmen alle anderen Dinge die zweite Stelle ein.

Womöglich aber sagen Sie auch, dass selbst die nicht das Wichtigste sind. Essen, Unterkunft, Gesundheit, geliebte Menschen, Geld und alles andere kann verschwinden, aber selbst durch alle Widrigkeiten hindurch bleibt der spirituelle Pfad des Menschen. Folglich könnte für Sie die spirituelle Praxis höchste Priorität haben.

Prioritätensetzen als tägliche Übung

Indem Sie Prioritäten setzen, schaffen Sie Klarheit und Einfachheit in Ihrem Leben. Das wird besonders hübsch durch eine Geschichte über Charles Schwab illustriert, den Präsidenten der Bethlehem Steel Company im Amerika der 1930er Jahre. Er engagierte seinerzeit einen Zeitmanagementberater, Ivy Lee, der ihn zwei Wochen lang durchgehend begleiten und ihm dann Vorschläge machen sollte, wie er sein Unternehmen verbessern könnte. Als der Bericht kam, enthielt er bloß drei Empfehlungen:

1. Erstellen Sie jeden Tag eine «Zu erledigen»-Liste.
2. Ordnen Sie die Liste nach Prioritäten.
3. Gehen Sie die Aufgaben in der Reihenfolge der geringer werdenden Resultate an.

«Bezahlen Sie mich nicht sofort», sagte Ivy Lee, dem bewusst war, dass sein Rat sich gegenüber den 100-Seiten-Berichten recht mager ausnahm, die Schwab für gewöhnlich erhielt. «Folgen Sie meinem Rat einen Monat lang, und zahlen Sie mir dann, was er Ihnen wert ist.» Angeblich schickte Schwab einen Monat später einen Scheck über 25 000 Dollar an Ivy Lee – damals eine unglaubliche Summe. Schwabs Unternehmen wurde zum größten unabhängigen Stahlproduzenten weltweit, und Schwab erklärte im hohen Alter, Lees Rat wäre der wertvollste gewesen, denn er je bekommen hätte.

Ob Sie ein Millionenunternehmen leiten oder eine Hausfrau in einem Vorort sind, Lees Empfehlung gilt für beide Fälle. Versuchen Sie es einen Monat lang, und überzeugen Sie sich selbst!

Ist das Glas voll?

Meine Lieblingsanekdote hilft Ihnen eventuell, Ihre eigenen Prioritäten zu erkennen. Sie wird Vizeadmiral H. Johnson zugeschrieben, der in den späten 1980er Jahren Generaldirektor der Indian Coast Guard war. Als er einen Vortrag über Prioritäten hielt, brachte er zur Veranschaulichung ein durchsichtiges Glas mit, in das er kleinere Steine füllte. Dann fragte er seine Zuhörer: «Ist das Glas voll?»

«Ja, natürlich», antworteten sie, denn es war offensichtlich, dass kein einziger Stein mehr hineinpasste.

Dann nahm Johnson eine Handvoll winziger Kiesel und warf sie in das Glas, wo sie die Lücken zwischen den größeren Steinen ausfüllten. Wieder fragte er: «Ist das Glas voll?»

«Jetzt ja», lautete die Antwort.

Nun holte er eine Tüte Sand hervor und kippte ihn ins Glas, wo die Sandkörner die Räume zwischen Steinen und Kieseln füllten.

«Ist das Glas jetzt voll?»

Diesmal stimmte er seinen Zuhörern zu, dass es voll war, und erklärte, es handelte sich bei dem Glas um eine Metapher für das Leben. Wenn man den Sand zuerst hineinfüllt (kleine Details), bleibt kein Platz mehr für die Kiesel (größere Probleme). Und gibt man die Kiesel zuerst hinein, lassen sie keinen Raum mehr für die Steine (die Prioritäten). Das Leben kann nur funktionieren, wenn Sie zuerst Ihre Prioritäten setzen und dann alles andere um sie herum arrangieren.

Falls es Sie interessiert, Johnson gab als seine obersten Prioritäten Gesundheit und Integrität an. Und möchten Sie die Metapher noch einen Schritt weiterspinnen, können Sie am Ende eine Flüssigkeit ins Glas schütten, analog zum alltäglichen Dunst, der uns alle einhüllt.

An die Arbeit!

Also noch einmal: Was sind Ihre Prioritäten? Im Ernst, blättern Sie nicht weiter, ehe Sie diese Frage durchdacht haben. Legen Sie das Buch jetzt weg, nehmen Sie sich Stift und Papier und schreiben Sie Ihre eigenen Prioritäten auf, nach Wichtigkeit sortiert.

1.
2.
3.
4.
5.

In künftigen elektronischen Ausgaben dieses Buches hätte ich es gern so, dass der Rest des Textes verschwindet, bis Sie die Übung abgeschlossen haben. Fürs Erste aber appelliere ich an Ihre Klugheit. Sollten Sie eben den Absatz gelesen haben, ohne die Liste auszufüllen, gehen Sie zurück und tun Sie es!

Entscheidungen

Ihren Weg aus dem Zeitgerümpel finden Sie nur, wenn Sie Ihre Prioritäten kennen. Wie wollen Sie sonst jemals entscheiden, wozu Sie «Ja» und wozu Sie «Nein» sagen sollen? Das Leben ist eine endlose Folge von Entscheidungen, die wir treffen müssen, und klare Prioritäten versetzen uns in die Lage, sicher durch den Strom zu navigieren, statt ziellos darauf zu treiben oder uns Dinge einfach passieren zu lassen.

Die meisten Leute sind so beschäftigt, dass sie nichts mehr in ihrem Tag unterbringen können, selbst wenn sie es wollten. Also vergessen Sie Zeitmanagement. Das war an dem Tag vorbei, an dem das Elektronikzeitalter geboren wurde. Sie werden niemals genug Zeit haben, all die Dinge zu tun, die Sie tun müssen oder wollen. Ihre einzige Hoffnung ist, selektieren zu lernen, was heißt, dass Sie von oben nach unten Prioritäten setzen und lernen «Nein» zu minderwertigen Verwendungen Ihrer Zeit zu sagen.

Finden Sie heraus, was Sie wirklich gern tun, und planen Sie diese Dinge vor allem anderen in Ihren Kalender ein. Lassen Sie nicht zu, dass Ihr mentaler Auftraggeber Ihnen Ihr Leben diktiert. Solche Vergnügen sind es, durch die Ihr Geist gedeiht. Wenn Sie hingegen nur arbeiten, arbeiten, arbeiten, ohne je Zeit für sich zu haben, oder all Ihre Zeit damit verbringen, sich um andere zu kümmern statt auch mal um sich selbst, wird Ihre Lebensfreude ziemlich schnell schwinden. Die ersten Anzeichen sind generelle Müdigkeit und eine angegriffene Gesundheit. Deshalb ist es wichtig, dass Sie bei der Jahres-, Monats-, Wochen- oder Tagesplanung solche Aktivitäten als oberste Priorität behandeln, die Ihnen viel bedeuten. Alles andere passen Sie drum herum an.

Denken wir noch einmal an das Pareto-Prinzip, das ich im neunten Kapitel erwähnte (Sie erzielen 80 Prozent Ihrer Resultate mit 20 Prozent dessen, was Sie tun). Jenes Prinzip, sofern es denn wahr ist (und das ist es!), impliziert überdies, dass Sie die verbleibenden vier Fünftel aller Dinge, die Sie machen zu müssen glauben, nicht erledigen müssen. Sind das nicht gute Neuigkeiten?

Prioritätensetzen von oben nach unten

An dieser Stelle des Buches möchte ich Ihnen ein Konzept vorstellen, dass ich alle Leute lehre, die sich von mir im Space Clearing und Entrümpeln ausbilden lassen. Die Kurzformel heißt TDZP und klingt am schönsten, wenn man es amerikanisch ausspricht, «ti-di-si-pi», und sie steht für Top Down, Zero Procrastination (Von oben nach unten, null Aufschub).

Der TD-Teil (von oben nach unten) ist der, über den ich bisher gesprochen habe. Das Leben aus dieser Perspektive zu führen gibt Ihnen einen Überblick. Sie richten Ihr Bewusstsein darauf aus, stets darauf zu achten, wie Sie Ihre Zeit am klügsten und mit der größtmöglichen Integrität investieren. Die großen Zusammenhänge erkennen Sie nur, wenn Sie von oben nach unten schauen, wohingegen Sie von unten nach oben einen verengten Blick haben und sich leicht blenden lassen. Ohne diese Top-Down-Herangehensweise neigen wir dazu, den Weg zu wählen, der uns die schnellste, leichteste Befriedigung bringt, statt jenen, der unsere obersten Prioritäten unterstützt.

ZP (Zero Procrastination – null Aufschub) bezieht sich auf das unmittelbare, bekräftigende Handeln, mit dem Sie dafür sorgen, dass Ihre Lebensprioritäten wahr werden und nicht bloß Wunschträume bleiben. ZP muss zum Lebensmotto werden. Wann immer Sie sich beim Aufschieben ertappen, müssen Sie zum Top-Down-Standpunkt wechseln und sich selbst zum Handeln motivieren.

Aufschub

Schieben erfolgreiche Menschen Dinge auf? Natürlich nicht! Erfolgreiche Leute tun, was zu tun ist, wann es zu tun ist, ob es ihnen gefällt oder nicht.

Warum schieben Leute überhaupt Dinge auf?

Im Laufe der Jahre wurden viele Studien zu dem Thema durchgeführt. Eine Lehrmeinung besagt, der Hauptgrund des Aufschiebens ist der, dass die Leute vor lauter Versagensangst gar nicht erst anfangen. Andere Studien gelangen zu dem Schluss, dass Leute ihr Aufschieben als Akt der Rebellion begreifen, weil sie ihre Aufgabe langweilig oder unangenehm finden, oder sie schieben sie auf, weil ihre Erledigung keinen unmittelbaren Lohn bringt. Wenn Sie sich in die eine oder andere Gruppe einordnen können und wachsam dafür werden, wann Sie wieder in ihr altes Muster verfallen, dann neigen sich Ihre Tage des blinden Aufschiebens dem Ende zu.

Es gibt auch Leute, die richtig gut darin sind, Sachen anzufangen, sich aber leicht ablenken lassen, sodass sie das Beenden einer Sache aufschieben. Eine zum Brüllen komische Version des Sich-ablenken-Lassens ist das «yak shaving», berühmt geworden durch den Blogger Seth Godin. Yak-Rasieren wird definiert als «jede scheinbar sinnlose Tätigkeit, die tatsächlich notwendig ist, um ein Problem zu lösen, das ein Problem löst, das wiederum, mehrere Rekursionsebenen später, das echte Problem löst, an dem man arbeitet». Als Beispiel gibt er das Wachsen seines Wagens an: Er will es machen, doch dazu muss er erst mal los und einen neuen Gartenschlauch kaufen, wozu er sich den Mautpass seines Nachbarn leihen muss, um eine mautpflichtige Brücke zum Baumarkt zu überqueren, allerdings muss er vorher das Kuschelkissen nachstopfen, das sein Sohn sich vom Nachbarn geliehen hat. Und so endet er im Zoo, wo er ein Yak rasiert!

Ich hätte auch noch ein Beispiel von mir zu bieten, als ich zu Hause auf Bali an diesem Buch schrieb:

«Ich will das Kapitel fertig bekommen. Dazu muss ich im Internet nach Seths Blog Don't Shave That Yak! suchen, damit ich sein Beispiel zitieren kann.

Ach, aber mein Breitbandanschluss streikt heute, also muss ich es über die Wählleitung versuchen.

Hmmm ... die Telefonleitung ist tot. Da haben wohl wieder die Mäuse am Kabel geknabbert.

Ach du Schande, die Bambusleiter, die ich brauche, um auf die Gartenmauer zu kommen und nach den Kabel zu sehen, ist kaputt.»

Ehe ich mich's versehe, habe ich meinen Computer im Stich gelassen, lade die Leiter in meinen Wagen und verbringe den ganzen Vormittag in der Werkstatt, in der sie Bambusleitern reparieren.

Nein, natürlich bin ich mir der Gefahren des Yak-Rasierens bewusst, also mache ich es nicht. Ich habe von den Nachbarn aus beim Breitband- und Telefonservice angerufen, damit sie die Leitungen in Ordnung bringen, meinen Gärtner mit der Leiter zur Werkstatt geschickt, diesen Absatz unfertig übersprungen und weitergeschrieben.

Wie man Aufschieben überwindet

Soweit ich bei der Suche nach den Aufschubwurzeln beobachten konnte, geht es letztlich nur um Willen. Schlicht ausgedrückt: Willensstarke Menschen bekommen Sachen erledigt, willensschwache nicht.

Und wie wird man willensstark? Tja, das ist eine jener Millionen-Dollar-Fragen, auf die es keine einzig gültige oder leichte Antwort gibt. Wille ist etwas, das bewusst kultiviert werden muss, tausendmal am Tag und auf jede mögliche kleine Weise. Fangen Sie klein an, und arbeiten Sie sich zu den größeren Willensakten hoch, deren Echo zweifellos durch sämtliche Bereiche Ihres Lebens hallen dürfte. Falls das Ihr Bestreben ist, wäre ein hervorragender Anfang ein schönes kleines Buch mit dem Titel «Eat that frog» von Brian Tracy, dessen Untertitel lautet: «21 Wege, um sein Zaudern zu überwinden und in weniger Zeit mehr zu erledigen».

Tracy erklärt: «Seit vielen Jahren heißt es, man solle jeden Morgen als Erstes einen lebenden Frosch essen, denn dann ginge man mit dem befriedigenden Wissen durch den restlichen Tag, man hätte wohl schon das Schlimmste hinter sich, was einem den ganzen Tag passieren kann.»

Wie er hinzufügt: «Man sagt auch ‹Wenn man zwei Frösche essen muss, sollte man zuerst den hässlicheren essen›, und ‹Wenn man schon einen Frosch essen muss, bringt es nichts, länger dazusitzen und ihn anzugucken›.» Selbstverständlich geht es in dem Buch nicht um den tatsächlichen Froschverzehr. Die Frösche sind lediglich Metaphern für die scheußlichsten Aufgaben, die uns bevorstehen. Aber das Bild, das das Essen von lebenden Fröschen hervorruft, funktioniert irgendwie sehr gut.

In meiner Definition von Gerümpel (Kapitel 4) fällt Aufschieben in die Kategorie von «allem Unfertigen», und wie bei anderen Formen von greifbarem Gerümpel ist dessen Wirkung auf Ihre Energie ermüdend. Wenn Sie endlich in Bewegung kommen und es einfach erledigen, werden große Energiereserven freigesetzt. Sie entdecken, dass es tatsächlich mehr Energie kostet, etwas NICHT zu tun, als Ihren Willen einzuspannen, die Ärmel aufzukrempeln und sich ans Werk zu machen.

Nehmen wir beispielsweise Korrespondenz. Haben Sie Briefe oder E-Mails, die Sie sich immerzu zu schreiben vornehmen, aber nie dazu kommen? Jedes Mal, wenn Sie daran denken und es nicht tun, sinkt Ihr Vitalitätspegel. Je länger Sie es aufschieben, umso schwieriger wird es, den Brief oder die E-Mail zu schreiben. Wenn

Sie sich einfach hinsetzen und sich die Zeit nehmen, Ihre Korrespondenz aufzuholen, setzen Sie damit riesige Mengen Energie für andere Zwecke frei. Das gilt genauso für alles andere in Ihrem Leben, was Sie vor sich herschieben.

Unterbrechungen

Das Aufschieben gibt es schon lange, aber ein neues Zeitgerümpel, mit dem wir in heutigen Zeiten umgehen müssen, ist die konstante Bombardierung mit Ablenkungen, der wir ausgesetzt sind. Anrufe, Textnachrichten, E-Mails, Zeitdruck, der Multitasking verlangt, und die ständigen Unterbrechungen durch Kollegen in den meisten Arbeitsumfeldern bedeutet, dass wir dauernd unter dem Stress stehen, all das unter einen Hut zu bringen.

Gloria Mark, Professorin für Informatik an der University of Irvine in Kalifornien, hat beispielsweise Studien durchgeführt, die zeigen, dass IT-Arbeiter schon von Glück reden können, wenn sie drei Minuten ununterbrochene Zeit zur Verfügung haben, um eine Aufgabe abzuschließen. Sie fand auch heraus, dass es gewöhnlich 25 Minuten und zwei dazwischen zu erledigende Arbeiten braucht, bis ein Angestellter wieder zu der Arbeit zurückkehren kann, mit der er beschäftigt war, ehe er unterbrochen wurde. Rund 25 Prozent der Tagesaufgaben werden überhaupt nicht wiederaufgenommen.

Unterbrechungen verursachen Irritationen in unserer Energie, die kraftraubend und ermüdend sein können. Manche Leute werden damit besser fertig als andere, aber die stete Bombardierung unserer Sinne beeinflusst jedermanns Vitalität, Gesundheit und Wohlbefinden.

Ein Experiment (Lefcourt, 1976), bei dem zwei Gruppen komplizierte Rätsel und einen Text zum Korrekturlesen vorgelegt bekamen, während sie irritierendem Lärm ausgesetzt wurden, brachte ein paar erhellende Antworten auf die Frage, warum Unterbrechungen solch ein Problem sind. Die eine Gruppe hatte einen Knopf, über den sie den Lärm abstellen konnte, die andere nicht. Dass die erste Gruppe fünfmal so viele Rätsel löste und sehr viel besser im Korrekturlesen abschnitt, verwundert nicht. Sehr wohl erstaunlich hingegen ist, dass diejenigen, die den Lärm mittels Knopfdruck ausschalten konnten, diese Option gar nicht nutzten! Wie Howard Bloom in seinem Buch «The Lucifer Principle» dazu bemerkt, «war es nicht der Lärm oder dessen Fehlen, was die Leistungen der Teilnehmer beeinflusste; entscheidend war vielmehr der bloße Gedanke, dass sie ihn abschalten könnten, wenn sie wollten.»

Mein Mann Richard und ich arbeiten zu Hause sehr gern zusammen in einem Zimmer, für gewöhnlich an unterschiedlichen Projekten. Da uns klar ist, wie ärgerlich und kontraproduktiv es ist, sich dauernd gegenseitig zu unterbrechen, gehen wir hier nach einem strengen Protokoll vor. Statt uns gegenseitig Fragen zu stellen oder Bemerkungen zu machen, wann immer wir wollen, fragen wir als Erstes: «Darf ich dich unterbrechen?» Die Wirkung ist verblüffend. Indem wir den anderen entscheiden lassen, ob er unterbrochen werden kann oder will, mindert sich der Störeffekt radikal. Wir können antworten, «Ja», «Im Moment nicht» oder «Warte kurz», und das war's. Und sollte einer von uns dringend den anderen unterbrechen müssen, haben wir festgestellt, dass eine kurze Entschuldigung wahre Wunder wirkt («Entschuldige, aber ich müsste sofort wissen …»). Statt uns überfallen zu fühlen, können wir die Unterbrechungen selbst steuern. Studien, die am MIT Media Lab in Boston durchgeführt wurden, haben nachgewiesen, dass höfliche Unterbrechungen durch Computer als ähnlich unaufdringlich empfunden werden.

Dieses Wissen auf die teils hektische Arbeitssituation in Unternehmen zu übertragen ist nicht einfach, aber gewiss nicht unmöglich. Entwickeln Sie ein System, mit dem Sie Kollegen wissen lassen, wenn Sie an etwas Wichtigem arbeiten und nicht unterbrochen werden möchten (z. B. indem Sie die Bürotür schließen, einen Stuhl an die Tür rücken oder ein Schild aufstellen). Machen Sie anderen klar, wann Sie verfügbar sind. Genauso verhalten Sie sich mit E-Mails und Anrufen (speichern Sie eine entsprechende Mitteilung auf Ihrem Anrufbeantworter). Stellen Sie aber auch einen Notfallzugang bereit, falls es unbedingt zwingend ist, Sie anzusprechen. Sie werden sehen, dass sich die meisten Leute an Ihre Regeln halten. Planen Sie Ihre Unterbrechungen, statt sich konstant und unkontrolliert von ihnen bombardieren zu lassen, und Ihre Produktivität sowie Ihre Zufriedenheit werden deutlich zunehmen. Außerdem wird auf die Weise Ihr Immunsystem nicht mehr angegriffen. In Laborexperimenten lebten Tiere länger, wenn sie die Kontrolle über ihre Umgebung hatten, wiesen mehr Antikörper auf und waren weniger anfällig für Geschwüre. Also, Sie haben die Wahl.

18 Gerümpelfrei bleiben

Ein Mann mailte mir, um zu erzählen: «Ich bin gerade dabei, mein Gerümpel rauszuschaffen. Jetzt sehe ich mehr Krams denn je und lache schon über mich selbst. Ich suche etwas in einer Schublade und sehe, dass dadrin das totale Chaos herrscht. Also unterbreche ich die Suche und räume erst mal die Schublade auf. Nach jedem Projekt, das abgeschlossen ist, fühle ich mich besser.»

Einige Wochen später mailte er wieder: «Ich bin gestern Abend mit vier vollen Taschen aus dem Skiurlaub zurückgekommen. Ehe ich heute Morgen aus dem Haus ging, hatte ich alles weggepackt, weil es mich kirre machte, auf den ganzen Kram zu gucken.»

Dieser Mann hat eindeutig das Ausmisten und Ordnungschaffen in seinen Lebensstil übernommen. Der Trick dabei, gerümpelfrei zu bleiben, ist der, die eigenen Gewohnheiten zu ändern.

Ein Platz für alles und alles an seinem Platz

Ich erinnere mich an einen Artikel über eine reiche arabische Familie, die regelmäßig zwischen vier verschiedenen Städten ihres Landes pendelte. Die Geschäfte des Mannes erforderten es, und seine ganze Familie begleitete ihn. Weil er es als verstörend empfand, so viel unterwegs zu sein, baute er an den vier Orten vier identische Villen, die jeweils exakt gleich eingerichtet waren. Und nicht nur dass, sondern wenn ein Familienmitglied Kleidung kaufte, nahm es gleich vier von jedem Artikel, um sie in den vier Häusern zu deponieren, wo sie an genau der gleichen Stelle in den identischen Schränken aufgehängt wurden. Ganz gleich, wo sie gerade waren, wann immer jemand seinen Kleiderschrank öffnete, fand er den gleichen Inhalt vor.

Da ich selbst viel herumreise, war ich fasziniert von der Geschichte. Ein geordnetes Zuhause steht für einen geordneten Verstand. Wie auch Ihre persönliche Situation sein mag, es ist wichtig, dass Sie gut organisiert sind, denn nur so können Sie Halt in Ihrem Alltag finden.

Sich organisieren

Eine der lustigsten Szenen, die man beobachten kann, ist ein kurzsichtiger Mensch, der nach seiner Brille sucht. Nachdem Sie Ihr Gerümpel auf Tischen und Arbeitsflächen weggeräumt haben, wird sie natürlich leichter zu entdecken sein, aber richtig einfach machen Sie es sich, wenn Sie einen festen Platz für die Brille bestimmen. Verfahren Sie genauso mit Ihren Schlüsseln, der Brieftasche, den Hausschuhen und anderen Dingen, nach denen Sie bisher oft suchen müssen.

Hier sind ein paar Tipps, die Ihn das Leben leichter machen:

- Bewahren Sie ähnliche Gegenstände zusammen auf.
- Verwahren Sie Dinge dort, wo Sie sie brauchen (Vasen zum Beispiel in der Nähe der Stelle, an der Sie Blumen arrangieren).
- Legen Sie die Dinge, die Sie am häufigsten benutzen, dort ab, wo Sie am schnellsten an sie herankommen.
- Machen Sie es leicht, Dinge dort zu verstauen, wo sie hingehören, dann werden sie auch nicht verlegt oder unter anderem Kram vergraben.
- Beschriften Sie Kartons, damit Sie wissen, was drin ist.
- Ordnen Sie Ihre Kleidung im Schrank nach Farben.

Kaufen Sie einen Ablageschrank und benutzen Sie ihn

Wir leben im Informationszeitalter. Falls Sie nicht zu einem komplett computerisierten Ablagesystem übergegangen sind, brauchen Sie einen Platz für Papiere, private wie berufliche. Am besten eignet sich dafür ein Aktenschrank. Manche moderne Versionen sehen sogar richtig schön aus. Sie können einzelne Belege, die zusammengehören, in eigene Ordner hineintun, wo Sie sie schneller finden als inmitten eines ungeordneten Stapels. Sortieren Sie alles nach Kategorien, denen Sie Namen geben, die Ihnen gefallen. Legen Sie ein Dokument beispielsweise lieber in Ihrem (gähn) Privates-Sparkonto-Ordner ab oder eher in Ihrem Weltreisenkonto-Ordner?

Falls Ihnen ein Blatt in die Hand kommt, das Sie aufbewahren müssen, Sie aber beim besten Willen nicht wissen, in welchen Ordner es hineingehört, lassen Sie es nicht auf dem unsortierten Stapel. Denken Sie sich eine neue Kategorie aus und legen Sie einen neuen Ordner an. Akten, die verdächtig dick werden, müssen entweder in kleinere Unterkategorien aufgeteilt oder nach Aktualität aussortiert werden. Und solche, die hartnäckig dünn bleiben, sind entweder überflüssig oder sollten in größere Ordner integriert werden. Gehen Sie Ihren Aktenschrank mindestens einmal im Jahr durch, und werfen Sie alles weg, was veraltet ist.

Aufbewahren

Der Sinn und Zweck von Stauraum ist, dort vorübergehend Dinge zu lagern, die gerade nicht in Gebrauch sind. Ein gutes Beispiel hierfür ist die Weihnachtsdekoration, die nur einmal im Jahr benutzt wird. Winterkleidung kann dort während der Sommermonate gelagert werden und umgekehrt. Dann gibt es solche Sachen wie die Campingausrüstung, die nur jedes zweite Jahr benutzt wird. Lagern Sie aber nicht zu viele Dinge, die Sie unbegrenzt verwahren, ohne sie weiter zu benutzen, denn so beginnt die Energie zu stagnieren.

Manche Sachen müssen wir gesetzlich über einen vorgegebenen Zeitraum aufbewahren, Steuerbescheide etwa und die entsprechenden Unterlagen. Erkundigen Sie sich, wie die Vorschriften bei Ihnen sind. Beträgt die Frist zum Beispiel sieben Jahre, legen Sie die Papiere in Ordnern ab, die nach Jahren unterteilt sind, sodass Sie zu Beginn eines neuen Jahres problemlos die Unterlagen finden, die acht Jahre alt sind und in den Reißwolf gegeben werden können. Die meisten Leute empfinden das als enorm befriedigend.

Gerümpel eindämmen, bevor es sich ansammelt

Sie können sich eine Menge Gerümpel ersparen, indem Sie sich folgende neue Gewohnheiten zulegen:

– Überlegen Sie zweimal, ehe Sie etwas kaufen. Bevor Sie etwas anschaffen, denken Sie nach, wo Sie es aufbewahren wollen und wozu Sie es brauchen. Fällt Ihre Antwort auf eine der beiden Fragen vage aus, sind Sie im Begriff, sich Gerümpel zuzulegen. Lassen Sie es bleiben.

- Leeren Sie täglich die Mülleimer und Papierkörbe im Haus, entweder am Ende des Tages oder gleich morgens als Erstes, je nachdem, wie es Ihnen am besten passt. Und achten Sie darauf, dass Sie genügend Abfallbehälter haben, sodass Sie das, was Sie wegwerfen wollen, auch direkt wegwerfen können. Wichtig ist außerdem, dass die Behälter nicht zu klein sind, sodass Sie gar nicht erst zögern, etwas hineinzuwerfen.
- Packen Sie nie etwas «erst mal» irgendwohin. Das heißt, Sie müssen sich später darum kümmern und es an seinen richtigen Platz räumen. Gewöhnen Sie sich an, alles gleich an seinen Ort zu bringen.
- Wenn Sie wissen, dass Sie zum Horten neigen, erlassen Sie eine neue Regel für sich: «Wenn etwas Neues reinkommt, geht etwas Altes raus.» So verändert sich Ihr Gerümpel wenigstens, auch wenn es noch nicht abnimmt.

Holen Sie sich professionelle Hilfe

Ich schreibe meine Bücher, um anderen Leute beizubringen, wie sie sich selbst helfen können. Aber vielleicht haben Sie so viel Gerümpel angehäuft, dass Sie wirklich professionelle Hilfe brauchen, um anzufangen und am Ball zu bleiben. In einigen Ländern finden Sie Leute, die sich professionelle Organisatoren nennen. So jemanden können Sie als Hilfe beim Aufräumen und Sortieren rufen.

Die Space Clearer, die ich ausbilde, sind auch Experten für Gerümpel. Sie sind alle befähigt, die Energieprägung in Ihrem Gerümpel zu erfühlen und herauszufinden, warum Sie überhaupt so viel horten. Solange Sie den Grund nicht erkannt haben, können Sie aufräumen und ordnen, so viel Sie wollen, Ihr Gerümpel wird sich mit ziemlicher Gewissheit wieder anhäufen. Anschließend nehmen die

Space Clearer in einer Zeremonie alle alten Einprägungen von Ihren Sachen und befreien die stagnierende Energie, die sich dort angesammelt hat. Hinterher ist es so offensichtlich, was gehen muss, dass es sich anfühlt, als könnten die Sachen quasi von selbst zur Tür rausmarschieren. Space Clearer erarbeiten einen Plan mit Ihnen gemeinsam, wie Sie dafür sorgen, dass auch wirklich alles geht.

Ein internationales Verzeichnis eingetragener Space Clearer finden Sie auf meiner Website (siehe Anhang).

19 Den Körper entrümpeln

Eine natürliche Folge des Ausmistens in Ihrem Haus ist das im Tempel Ihres Körpers. Menschen, die um sich herum Gerümpel anhäufen, neigen auch dazu, welches in sich anzusammeln. Doch während das äußere Gerümpel Ihren Fortschritt im Leben behindern kann, ist dessen Wirkung im Innern eine ernste Bedrohung für Ihre Gesundheit oder gar Ihr Leben.

Der menschliche Körper ist eine sehr ausgefeilte Verarbeitungsmaschine. Sie nimmt Sachen auf, assimiliert davon, was sie braucht, und befördert den Rest durch die fünf Hauptausscheidungssysteme – Darm, Nieren, Haut, Lunge und Lymphgefäßsystem – sowie mehrere untergeordnete Systeme wie Augen, Ohren, Nabel, Nägel, Haar und, bei Frauen, die Vagina hinaus. All diese Kanäle sind so angelegt, dass sie effizient die unerwünschten Toxine aus dem Körper schleusen.

Darmreinigung

Am Ende meines «Entrümpeln»-Kapitels in meinem ersten Buch fügte ich einen Abschnitt mit der Überschrift «Reinigen Sie Ihren Darm» an. In zwei knappen Absätzen beschrieb ich die Grundlagen einer Kräuterdarmreinigung und empfahl einen britischen Anbieter für Kräutermischungen, dessen Produkte ich selbst über Jahre mit großem Erfolg verwendet hatte. Seinerzeit hatte ich den Hersteller nicht darüber informiert, dass ich auf ihn hingewiesen hatte, und war erstaunt, als ich ein Jahr später hörte, dass er mit Anfragen und Bestellungen meiner Leser überschüttet worden war. Deshalb gehe ich hier ausführlicher auf dieses und verwandte Themen ein, denn offenbar ist das Interesse größer, als ich gedacht hatte.

Warum Sie Ihren Darm reinigen müssen

Die meisten Leute in westlichen Ländern wissen nicht einmal, dass sie ihren Darm reinigen müssen. Sie glauben, so wie sie sich fühlen und wie gesund sie sind, wäre nur normal, dabei wissen sie eigentlich gar nicht mehr, wie sich «normal» anfühlt. Jahrelanger Verzehr von unnatürlich verarbeitetem, gekochtem, tiefgefrorenem, konserviertem und bestrahltem Essen hat dazu beigetragen. Bestatter melden, dass die Toten dieser Tage kaum noch einbalsamiert werden müssten – wir essen ahnungslos so viele Konservierungsmittel, dass unsere Körper nach dem Tod sehr viel länger brauchen, bis sie verwesen.

Im menschlichen Bauch liegen sechseinhalb Meter aufgewickelter Dünndarm, die in anderthalb Meter Dickdarm übergehen, auch Kolon genannt. Damit Sie es sich vorstellen können: Der größere Darm hat einen Durchmesser von fünfeinhalb Zentimeter … na ja, sollte er jedenfalls.

Das erste Bild zeigt ein gesundes Kolon, das zweite, was mit dem Darm der meisten Menschen passiert, die sich westlich ernähren. Deren Kolons sind nachweislich die ungesündesten weltweit. Wahrscheinlich haben viele von Ihnen, die Sie dieses Buch lesen, Därme, die verformt und von aufgestauten, verhärteten Fäzes belegt sind. Die hat so ziemlich jeder, der westliche Nahrung verzehrt. Falls Sie dickere Hüften oder einen vorgewölbten Bauch haben, ist es sogar sehr naheliegend.

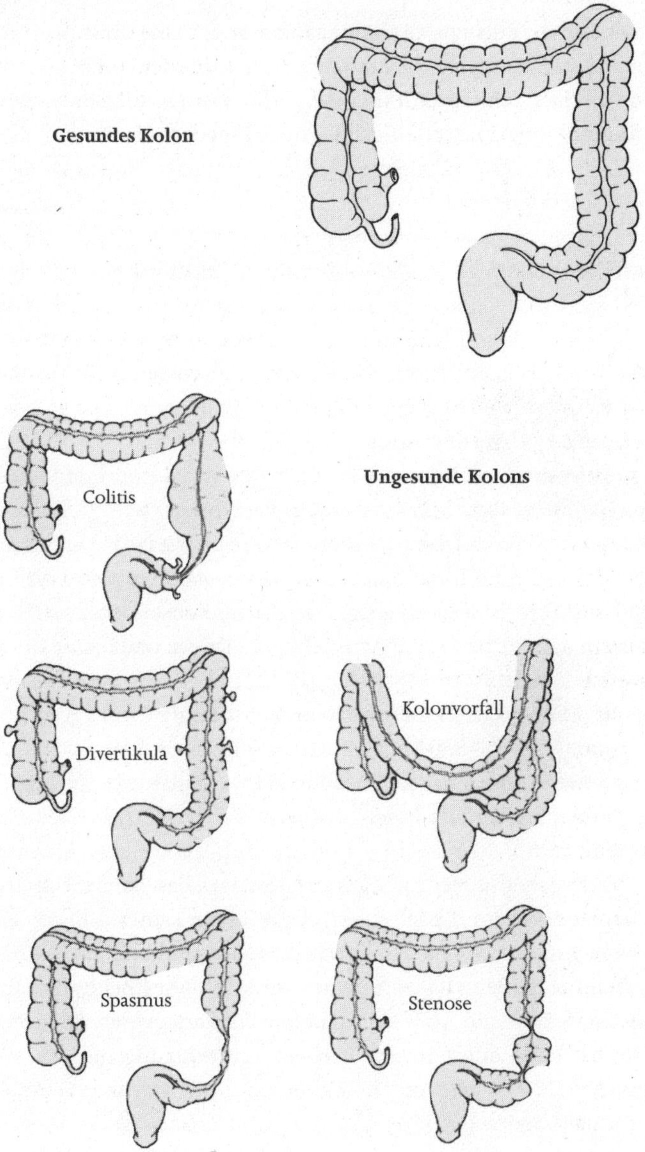
Gesundes Kolon
Ungesunde Kolons
Colitis
Divertikula
Kolonvorfall
Spasmus
Stenose

Im Darm entstehen Schleimablagerungen, die teils Überreste von schleimbildender Nahrung sind und teils auf einen verborgenen natürlichen Schleim zurückgehen, den der Darm als Schutzmechanismus gegen Toxine bildet. Solche Ablagerungen werden eigentlich von den Bauchspeicheldrüsensekreten weggespült, nur ist der Anteil schleimbildender Nahrungsmittel im Westen heute so hoch, dass die Bauchspeicheldrüse nicht mehr damit fertig wird. Über den gesamten Darmtrakt bilden sich Ablagerungen in Schichten, die schließlich verhärten. Auf Grund der modernen Kinderernährung fängt das alles schon im Säuglingsalter an: NASA-Wissenschaftler haben im Darm von Erwachsenen Spuren von Muttermilch entdeckt, was darauf hinweist, dass viele Leute ihr Leben lang verkrusteten Kot in ihren Därmen mit sich herumtragen.

Ein gesundes Kolon enthält Überreste von darmfreundlichen Bakterien, die bis zu 2,2 kg wiegen; verkrustete Kolons brachten bei Autopsien schon 18 kg und mehr auf die Waage. Manchmal ist so viel Fäulnismaterial in Teilen des Darms, dass sie sich von fünfeinhalb Zentimeter Durchmesser auf abartige 22 bis 44 Zentimeter bei sehr übergewichtigen Leuten dehnen; dazwischen bleibt jedoch nur noch ein bleistiftdünner Durchgang für alles, was abgeführt werden sollte. Folglich ist der Darm permanent toxisch, und die Giftstoffe, die von ihm in den Blutkreislauf gelangen und so in alle Körperregionen, verursachen alle möglichen Gesundheitsprobleme.

Sollten Sie jemals Fleisch, Geflügel, Fisch, Milchprodukte, Zucker, Konserviertes, Schokolade, Koffein, Softdrinks oder Alkohol konsumiert haben oder noch konsumieren, haben Sie gewiss Schleimablagerungen im Darm. Eine Darmreinigung würde Ihnen entsprechend guttun. Selbst Veganer brauchen gewöhnlich Darmreinigungen gegen die Schleimablagerungen von Soja- und Körnernahrung (Sojabohnen sind die größten Schleimbilder unter den Pflanzen). Alle traditionellen Kulturen, ob fleischessend oder vegetarisch, nehmen von Zeit zu Zeit bestimmte Kräuter, um ihren Darm zu reinigen.

So wie jeder Teil Ihres Zuhauses mit einem Aspekt Ihres Lebens verbunden ist, ist auch jeder Abschnitt Ihres Kolons mit einem Teil Ihres Körpers verbunden (siehe auch «Cleanse and Purify Thyself» von Dr. Richard Anderson). Daher empfehlen viele Kräuterkenner eine Darmreinigung als Heilmittel gegen 90 Prozent aller Krankheiten. Ich habe festgestellt, dass sowohl präventive wie auch kurative Kräuterkuren enorme Vorteile bringen. Sie wirken, weil wir nicht bloß unser inneres Abwassersystem reinigen, sondern weil gleichzeitig diverse emotionale Probleme, die dort seit Jahren vergraben lagen, an die Oberfläche kommen und wir sie dann bearbeiten können. Die Lösung der emotionalen Konflikte bewirkt die eigentliche Heilung.

Essen und Ausscheiden

Essen und Ausscheiden sind die natürlichsten Prozesse der Welt, doch haben die meisten westlichen Menschen überhaupt keinen Bezug zu ihrem eigenen Körper. Vor allem der Gedanke an ihre Exkremente widert sie an. Mir ist aufgefallen, dass balinesische Babys sehr viel schneller sauber werden als westliche, und ich glaube, es liegt daran, dass sie nicht fest in Windeln verpackt werden. Sie begreifen einfach sehr viel früher, was vor sich geht.

Aus meinen Recherchen zu diesem «nicht in vornehmer Gesellschaft anzusprechenden» Thema habe ich den Schluss gezogen, dass eines der beklopptesten Dinge, die je erfunden wurden, die Toilette zum Hinsetzen ist. Die Hockstellung, wie sie Millionen Menschen im Orient einnehmen, öffnet den Darm und macht es leichter, ihn zu leeren, als eingeknickt auf einer westlichen Klobrille zu sitzen. Mich würde nicht wundern, wenn die Stellung der entscheidende Faktor ist, weshalb Darmerkrankungen in der westlichen Welt so häufig sind und in der orientalischen so selten. (Ein hilfreicher Tipp:

Wenn Sie eine westliche Toilette benutzen, setzen Sie sich aufrecht hin und heben Sie beide Arme hoch über den Kopf. So öffnen Sie Ihren Darmtrakt ähnlich wie bei der Hockposition.)

Vielleicht wird Ihnen das alles ein bisschen zu viel. Ich verstehe durchaus, wie ekelhaft manche Leute diese Themen finden. Dennoch betrachte ich die Darmreinigung als wesentlichen Bestandteil präventiver Medizin. Solange Ihr Kolon sauber ist, gedeiht Ihr Körper und funktioniert Ihr Leben. Ist Ihr Kolon hingegen verstopft, wird sich das auf alles niederschlagen, was Sie tun. Und falls Sie noch nicht überzeugt sind, lesen Sie, was Dr. Richard Anderson über ein sehr aufschlussreiches Experiment schrieb:

«Alexis Carrel, Nobelpreisträger und Forscher am Rockefeller Institute, war in der Lage, Gewebezellen mittels Nahrung und Abwaschen von Gewebeexkrementen unbegrenzt am Leben zu erhalten. Die Zellen wuchsen und gediehen, solange die Ausscheidungen entfernt wurden. Unhygienische Umweltbedingungen indes hatten geringere Vitalität, Verfall und Tod zur Folge. Carrel konnte ein Hühnerherz 29 Jahre lang lebendig halten, bis jemand vergaß, die Ausscheidungen zu entfernen!»

Darmträgheit und Durchfall

Die allgemeine Regel lautet: «Neue Mahlzeit rein, letzte Mahlzeit raus», und Forscher, die Zeit in abgelegenen Dschungeln rund um die Welt verbracht haben, beobachteten, dass die Zeitspanne zwischen Essen und Ausscheiden bei Menschen mit einem stressfreien, natürlichen und gesunden Lebens- und Ernährungsstil üblicherweise zwischen 15 und 30 Minuten beträgt. Wer also nicht eine viertel bis halbe Stunde nach dem Essen zur Toilette gehen muss, ist verstopft. Häufiger Durchfall ist ebenso sehr ein Problem, denn er bedeutet, dass der Darm so überladen von schädlichen Bakterien ist (und wahrscheinlich auch Parasiten, die alles Faulige, Verfallende lieben) und dadurch permanent gereizt.

Auch die folgenden Symptome sind Anzeichen für Kolonprobleme: Darmgeräusche, Bauchschmerzen, stinkende Darmgase, das Gefühl, kein gesundes Essen würde uns richtig sättigen (schlechte Nahrungsverwertung), schlechter Atem, Körpergeruch und Schweißfüße. All das wird begleitet von dem Gefühl, nicht ganz auf der Höhe zu sein.

Falls Sie immer noch zweifeln, machen Sie den Sonnenblumenkerntest. Nehmen Sie eine Handvoll Sonnenblumenkerne mit Schale, kauen Sie sie so wenig wie möglich und schlucken Sie sie runter. Jetzt warten Sie, bis sie am anderen Ende wiederauftauchen. Falls die innere Durchgangszeit bei ungefähr zehn Stunden liegt, ist das gut. Ist sie länger, können Sie eine Darmreinigung vertragen, um die Verkrustungen zu eliminieren. Manche Leute stellen fest, dass sie drei oder vier Tage warten müssen, ehe die Sonnenblumenkerne erscheinen! Eine Frau schrieb mir, um zu erzählen, wie stolz sie und ihr Mann waren, als die Kerne nur zwölf Stunden später wieder herauskamen … und dann bemerkten sie, dass über die nächsten drei Tage immer noch welche auftauchten. Also beobachten Sie weiter.

Der ideale Stuhl

Jetzt kommen ein paar Informationen, die in Büchern selten zu finden sind. Eine ideale Darmbewegung nach gründlicher Darmreinigung sieht folgendermaßen aus:

- Der Stuhl kommt leicht und lautlos binnen Sekunden.
- Es ist kein Drücken nötig.

- Er ist hellbraun.
- Er riecht wenig.
- Er ist weich und nicht klumpig.

Deshalb sagte ich, dass Lesestoff neben der Toilette ein sicheres Zeichen für Verstopfung ist. Wer da drinnen Zeit zum Lesen hat, ist schlecht in Form!

Die Vorzüge der Darmreinigung

Bisher habe ich die niederschmetternden Folgen eines schmutzigen Kolons beschrieben. Jetzt kommen wir zu einigen der positiven Nebeneffekte einer Reinigung. Die meisten Menschen stellen nach dem ersten Mal fest, dass es ihnen so gut getan hat, dass sie es regelmäßig einmal im Jahr machen. Nach einer Kolonreinigung können Sie damit rechnen, dass Sie:

- sich gesünder fühlen und gesünder aussehen (besserer Hautton, weniger Falten, kräftigere Nägel, glänzenderes Haar etc.);
- schwungvoller und energiegeladener sind;
- eine bessere Immunabwehr haben;
- nach dem Essen länger gesättigt sind und nicht mehr so oft das Bedürfnis nach Junkfood haben;
- mehr Liebe, Freude und Glück in Ihrem Leben erfahren;
- flexibler in Ihrer Lebenseinstellung sind;
- mit Freuden Altes loslassen und Neues annehmen;
- befriedigenderen Sex haben (weil Sie den inneren Druck eines überfrachteten Darms los sind).

Louise Hay nennt in ihrem Buch «Heile deinen Körper» eine seelische Ursache von Darmproblemen, nämlich «Angst vor dem Loslassen von Altem und nicht mehr Notwendigem», und empfiehlt die Affirmation: «Ich lasse bereitwillig und leicht das Alte frei und heiße das Neue mit Freuden willkommen.» Um diese Affirmation in die Praxis umzusetzen, sollten Sie künftig wann immer möglich sofort auf die Toilette gehen, wenn Sie das Bedürfnis dazu spüren, statt zu warten, bis es sich nicht mehr aufschieben lässt, wie es so viele tun. Auf die Weise lernen Sie wieder, leicht und schnell loszulassen, statt sich an Dingen festzuhalten, bis Sie zum Handeln gezwungen sind. Das überträgt sich auch auf die mentalen, emotionalen und alle anderen Aspekte Ihres Lebens.

Kräuterreinigung fürs Kolon

Eine Kräuterreinigung des Darms, zusammen mit einem regenerativen Ernährungsprogramm (es ist witzlos, den Mist an einem Ende auszuscheiden und am anderen Ende neuen hineinzustopfen), bringt beachtliche Resultate. Das Programm dauert sechs bis neun Monate, je nachdem, wie lange Sie Zucker, schleimbildende Nahrung oder Junkfood gegessen haben.

Nehmen Sie niemals Abführmittel. Sie irritieren und schwächen den Darm. Darmspülungen sind hilfreich bei der Reinigung des Körpers während des Fastens, aber sie ersetzen weder die gründliche Reinigung noch die Aufbaueigenschaften von Darmkräutern.

Am besten arbeitet man mit einem qualifizierten Heilpraktiker zusammen, vor allem wenn Sie schwanger, älter, chronisch krank, schwach sind oder stillen. Der Vorgang bringt emotionale Probleme an die Oberfläche, bei denen Sie vielleicht Hilfe brauchen. Und eventuell möchten Sie sich auch jemanden haben, der Sie beruhigt, wenn Ihr Körper anfängt, Stuhl auszuscheiden, der aussieht wie Stücke von alten Autoreifen. Wie mir ein Mann erzählte: «Es ist entsetzlich, anzusehen, was rauskommt, aber auch sehr wohltuend, dass es raus ist.»

Ein paar hervorragende Bücher, die ich zu dem Thema empfehlen kann, sind «Das Darm-Heilungsbuch» von Robert Gray, «Dr. Jensen's Guide to Better Colon Care» von Bernard Jensen und «Zucker Blues» von William Dufty. Näheres zu diesen und weiteren Titeln finden Sie in der Bibliographie am Ende des Buches. Außerdem finden Sie auf meiner Website den Link zu einem angesehenen Vertreiber von Dr. Christophers Kräutermischungen, die ich für die wirksamsten halte.

Parasiten entfernen

Ein modernes Ammenmärchen behauptet, Würmer und andere Parasiten kämen nur in Ländern der Dritten Welt vor. Dabei sind sie im Westen weit verbreitet, und eine Darmreinigung ist wichtig, um sie aus dem Körper zu entfernen. Wenn Sie sich mit dem Thema ausführlicher beschäftigen, werden Sie erstaunt sein, wie oft Parasiten schuld an beeinträchtigter Gesundheit sind.

Fasten

Nach Monaten auf Reisen, in denen ich Workshops veranstaltet habe, in Restaurants gegessen, in Hotels geschlafen und in Flugzeugen unterwegs war, empfinde ich es immer wieder als wahren Segen, nach Hause zu kommen, wo ich die Zeit und den Raum habe, eine ausgiebige Saft-Fastenkur zu machen. Nichts belebt und stärkt mich mehr, als für eine Weile mit organischen, frisch gepressten Früchten oder Gemüsen oder, am allerbesten, klarem Wasser zu fasten.

Warum das funktioniert? Wenn Sie essen, braucht Ihr Körper eine Menge Energie zum Verdauen. Wenn Sie mit Säften fasten, bekommen Ihre inneren Organe Urlaub, sodass alle überschüssige Energie für die Heilung und Neubelebung verfügbar ist. Meiner Meinung nach ist das Dümmste, was man bei einer ernsten Erkrankung tun kann, überhaupt etwas zu essen. Tiere wissen das. Sie fressen nie, wenn sie krank sind.

Wenn kein medizinischer Notfall vorliegt, sollte man am besten vor dem Saftfasten eine Darmreinigung durchführen. Die meisten unangenehmen Nebenwirkungen, die Leute beim Fasten erleben, gehen schlicht auf eine Selbstvergiftung durch faulige Substanzen in ihrem Darm zurück, die dort feststecken, weil sich der Darm nicht mehr bewegt, und auf verhärtete Fäzes, die seit Ewigkeiten dort sind. Und für diejenigen von Ihnen, die fürchten, dass sie ständig unter Hungergefühlen leiden werden, wenn sie fasten, habe ich einen erprobten Trick: Mischen Sie an den ersten ein oder zwei Tagen großzügige Mengen Spirulina-Pulver in Ihren Saft, oder nehmen Sie Spirulina in Tablettenform (mehrere Dutzend pro Tag). Es ist das vollständigste bekannte Protein, eignet sich glänzend dafür, den Darm zu beruhigen, und vertreibt das Hungergefühl. Nach dem zweiten Tag hören alle Hungerattacken auf.

Das ultimative Fasten ist die Wasserkur. Auch hierfür gilt, abgesehen von medizinischen Notfällen, dass es besser ist, sich langsam dahin vorzuarbeiten, statt vom ersten Tag an nichts als Wasser zu sich zu nehmen. Mischen Sie schrittweise immer mehr Wasser in Ihren Saft, bis Sie schließlich bei klarem Wasser angekommen sind.

Bevor Sie eine Fastenkur machen, lesen Sie sich unbedingt gründlich in das Thema ein. Sie müssen wissen, wie lange Sie fasten wollen oder können, womit Sie fasten und vor allem, wie Sie Ihre Fastenkur beenden. Das Fasten zu schnell oder mit der falschen Nahrung zu brechen, kann ernste, sogar fatale Folgen haben. Richtig ausgeführt, ist Fasten allerdings eines der erhebendsten Erlebnisse, die Sie sich vorstellen können. Es tut unglaublich gut, den inneren Organen etwas Ruhe zu gönnen und zu erleben, wie es ist, die eigenen Gefühle nicht dauernd mit Essen runterzudrücken. Sie werden eine neue Leidenschaftlichkeit und Vitalität in Ihrem Leben entdecken.

Die Nieren

Unser Körper besteht zu fast 70 Prozent aus Wasser, und dennoch nehmen Menschen kaum ein oder zwei Glas reines Wasser täglich zu sich. Alle Zellen enthalten Wasser, das Blut ist zu 90 Prozent Wasser, sogar unsere Knochen sind zu 22 Prozent Wasser. Wasser ist die Grundlage von Leben und Gesundheit, transportiert Sauerstoff und andere Nährstoffe zu den Zellen und spült Toxine aus ihnen heraus.

Daher lautet meine Botschaft: Trinken Sie Wasser. Es ist das Beste, was Sie trinken können. Wasser reinigt und bringt Ihnen größere Klarheit im Leben. Ideal sind zwei Liter Wasser am Tag. Frische Obst- und Gemüsesäfte sind auch gut, zusätzlich zum Wasser. Tee, Kaffee, gezuckerte Getränke und Alkohol hingegen setzen den Körper enorm unter Stress, vor allem die Nieren, die Leber, die Bauchspeicheldrüse und den Darm, weshalb Sie solche Getränke besser meiden. Zwar bestehen sie größtenteils aus Wasser, enthalten aber auch stark dehydrierende Stoffe.

Ob Sie genug Wasser trinken, erkennen Sie an dem gottgegebenen Mechanismus, den wir Durst nennen. Ignorieren Sie ihn nicht. Wenn Sie sich durstig fühlen, sind Ihre Zellen bereits dehydriert. Sie können auch die Farbe Ihres Urins überprüfen. Dunkelgelber Urin bedeutet, dass Sie Ihren Nieren das Leben schwermachen. Sehr blassgelber oder fast farbloser Urin heißt, dass Sie gut hydriert sind.

Es ist sehr wichtig, wann man Flüssigkeit zu sich nimmt. Am besten trinkt man ungefähr eine halbe Stunde vor dem Essen und wartet danach anderthalb bis zwei Stunden, ehe man wieder etwas trinkt. Andernfalls verdünnt man die Verdauungssäfte im Magen, was ein inneres Durcheinander bewirkt (das Essen gärt und fermentiert; das führt zu einer Übersäuerung, die sämtliche Körperfunktionen beeinträchtigt). Wenn Sie Ihr Essen richtig kauen, brauchen Sie kein Wasser, um es hinunterzuspülen.

Wenn Sie die Freuden der Darmreinigung entdeckt haben, möchten Sie vielleicht auch einmal im Jahr eine Nierenreinigung vornehmen, damit die lebenswichtigen Wasserfilterorgane gesund bleiben.

Die Lunge

Atmen Sie tief und erlauben Sie Ihrer Lunge, ihren Job als Entgifterin zu machen. Die meisten westlichen Menschen unterventilieren. Sie nehmen gerade genug Luft auf, um sich am Leben zu erhalten. Das hängt mit einem niedrigen Selbstwertgefühl zusammen: «Ich habe es nicht verdient», «Ich bin nicht gut genug» und so weiter. Wenn Sie ängstlich sind, ziehen Sie die Schultern nach vorn, weil Ihr Körper unbewusst versucht, die Herzregion zu schützen, und das engt Ihre Atmung noch weiter ein.

Richten Sie Ihr Rückgrat auf. Schöpfen Sie Mut. Es ist Ihr Geburtsrecht, Ihr Leben voll auszukosten. Mit jedem Atemzug sagen Sie «Ja» zum Leben, «Ja» zur Liebe, zum Glück und zur Fülle. Lernen Sie von den Ureinwohnern dieser Welt oder beobachten Sie ein Neugeborenes. Beide zeigen Ihnen, dass richtiges Atmen nicht flach im oberen Brustbereich stattfindet, sondern tief ins Zwerchfell hineingeht, sodass die inneren Organe mit jedem Atemzug massiert werden. Atmen Sie durch die Nase, nie durch den Mund, und denken Sie daran, auch beim Essen zu atmen, damit Ihre Nahrung mit Sauerstoff angereichert wird.

Weitere Möglichkeiten, Ihrer Lunge etwas Gutes zu tun, sind kraftvolle Spaziergänge, der Verzicht auf schleimbildende Nahrung, die die Lunge verstopft, die Vermeidung von Schadstoffen und natürlich das Rauchen aufgeben, falls Sie das nicht schon geschafft haben. Sehen Sie sich in Büchern oder dem Internet Bilder an, die zeigen, wie grotesk Raucherlungen aussehen, sofern Sie einen Anreiz brauchen, um aufzuhören – die sind ein ganz schöner Schock.

Das Lymphsystem

Das Lymphsystem reinigt sämtliches Körpergewebe. Das Blut wird vom Herzen durch den Körper gepumpt, während das Lymphsystem ganz auf die Lungen- und Muskeltätigkeit angewiesen ist. Deshalb ist regelmäßige Bewegung so wichtig. Spazierengehen, Schwimmen, andere Formen sanfter Bewegung und Trampolinspringen sind wunderbare Methoden, um die Lymphdrüsen in Gang zu bringen. Die meisten Massagen und das Trockenbürsten sind ebenfalls hilfreich (zu Letzterem erfahren Sie im nächsten Abschnitt mehr).

Sie sollten sich auch überlegen, auf enge Kleidung zu verzichten, die den Lymphfluss im Körper behindert. In ihrem Buch «Dressed to Kill» warnen Sydney Ross Singer und Soma Grismaijer vor Schädigungen des Lymphsystems und den toxischen Ablagerungen, die bei Frauen durch enge BHs verursacht werden, vom «Enge-Hosen-Syndrom» bei Männern ganz zu schweigen.

Aus ihrer Befragung von über 4700 Amerikanerinnen im Rahmen einer BH- und Brustkrebsstudie, die sie zwischen 1991 und 1993 durchführten, schlossen die Autoren, dass «die durchschnittliche Amerikanerin ein neunzehnmal höheres Brustkrebsrisiko aufweist als eine Frau, die weniger als zwölf Stunden täglich einen BH trägt», und «Frauen, die ihre BHs immer tragen, haben gegenüber Frauen, die ihre weniger als zwölf Stunden täglich tragen, ein 113-mal so hohes Brustkrebsrisiko». Sie merken an, dass in Ländern, in denen Frauen erst kürzlich anfingen, überhaupt BHs zu tragen, Brustkrebs gerade erst bekannt wird. Merkwürdigerweise hat niemand vorher oder nachher je eine ähnliche Studie durchgeführt, obwohl ich finde, dass mehr Forschung in diesem Bereich längst überfällig ist.

Bügel-BHs, vor allem die sexy Push-up-Variante, behindern die Lymphdrainage noch stärker. Außerdem glaube ich, dass das Metall wie eine Art Antenne wirkt und schädliche elektromagnetische Felder von Computern und anderen elektrischen Geräten in das empfindliche Brustgewebe lenkt, was die Brustkrebswahrscheinlichkeit erhöht. Frauen, die an Computern, computergesteuerten Maschinen oder in anderen Jobs arbeiten, in denen ihre Brüste aus nächster Nähe elektromagnetischen Feldern ausgesetzt sind, tragen ein besonders hohes Risiko.

Die Haut

Die Haut ist erstaunlich. Pro sechseinhalb Quadratzentimetern besitzt sie 19 Millionen Zellen, 600 Schweißdrüsen, 90 Talgdrüsen und 65 Haare, wird von 19 000 Nervenzellen versorgt, verfügt über 5,7 Meter feinst verwobener Blutgefäße und ist von Millionen mikroskopischer Bakterien bevölkert.

Wenn unsere Haut voll funktioniert, kann sie ein Drittel der körperlichen Abfallprodukte ausscheiden. Aber in Wahrheit arbeitet die Haut der meisten Leute schlecht. Synthetische Toilettenartikel blockieren die Poren und synthetische Stoffe (Latex, Nylon, Polyester etc.) hemmen die natürlichen Prozesse massiv, vor allem synthetische Unterwäsche, die direkt auf der Haut getragen wird. Weit besser ist es, natürliche Materialien zu wählen – reine Baumwolle ist optimal, und Leinen, Seide und Wolle sind ebenfalls gut – und sie nicht mit zu scharfen biologischen Waschmitteln zu reinigen, deren Überreste über die Poren von der Haut absorbiert werden.

Um der Haut zu helfen, treiben Sie Sport, gehen Sie in die Sauna oder ins türkische Dampfbad, wo Sie die Toxine ausschwitzen, und machen Sie täglich eine Trockenbürstung, wodurch Sie tote Hautzellen entfernen, die Lymphen aktivieren, die Drüsen anregen und vorzeitige Alterung verhindern. Das Trockenbürsten machen Sie am besten morgens vor dem Baden. Streichen Sie immer zum Herzen hin, und benutzen Sie eine Bürste mit Naturborsten. Das fühlt sich phantastisch an!

20 Den Geist entrümpeln

Wenn Sie greifbares Gerümpel in Ihrem Zuhause haben, haben Sie auch welches, wenngleich weniger greifbar, in Ihrem Kopf. Im Folgenden ein paar Ratschläge, was Sie gegen die gängigsten Formen mentalen Gerümpels tun können.

Hören Sie auf, sich zu sorgen

Jemand sagte einmal, Sorgen wären wie ein Schaukelpferd: Egal, wie schnell Sie wippen, Sie kommen nirgendwo hin. Tatsächlich ist Sorgen totale Zeitverschwendung und schafft so viel Gerümpel in Ihrem Kopf, dass Sie gar nicht mehr klar denken können.

Sie lernen, sich nicht mehr zu sorgen, indem Sie zuerst einmal begreifen, dass Sie alles mit Energie versehen, auf das Sie Ihre Aufmerksamkeit richten. Folglich gehen Dinge umso eher schief, je mehr Sie sich um sie Sorgen machen. Das wird zu einer solch tief verwurzelten Gewohnheit, dass Sie sich bewusst vornehmen müssen, damit aufzuhören, und sich umtrainieren. Jedes Mal, wenn Sie sich dabei ertappen, wie Sie sich in Ihre Sorgen hineinsteigern (und bitten Sie auch Ihnen nahestehende Leute, es Ihnen zu sagen, falls sie es bemerken), hören Sie auf und ändern Ihre Gedanken. Konzentrieren Sie Ihre Gedanken auf das, was geschehen soll, statt sich um das zu sorgen, was geschehen könnte. Und halten Sie sich vor Augen, was in Ihrem Leben alles wunderbar ist. Auf die Weise bilden Sie eine Resonanz, die mehr Schönes zu Ihnen lenkt.

Machen Sie jetzt eine Liste von allen Dingen, um die Sie sich sorgen, sodass Sie sie bei der nächsten Schaukelpferdrunde sofort erkennen.

Lassen Sie das Kritisieren und Verurteilen

Das ist ebenfalls komplette Zeit- und Energieverschwendung, vor allem wenn Ihnen klar wird, dass alles, was Sie an anderen kritisieren und verurteilen, mit etwas zu tun hat, das Sie an sich selbst nicht mögen. Die größten Kritiker sind diejenigen, die tief in ihrem Innern glauben, aus welchen Gründen auch immer, sie selbst wären nicht gut genug. Ändern Sie diese Unsicherheiten, und der Wunsch, andere kleinzumachen, wird wie von Zauberhand verschwinden.

Wichtig ist außerdem zu verstehen, dass wir Menschen nur einen Ausschnitt aus dem größeren kosmischen Plan der Dinge sehen, wir mithin wohl kaum in der Lage sind, irgendjemanden oder irgendetwas zu beurteilen. Ein heruntergekommener Penner kann seinem Wesen nach sehr wohl die freundlichste, gütigste Seele sein, der Sie je begegnen können, aber wenn Sie ihn bloß nach seiner äußeren Erscheinung beurteilen oder sich von einem moralischen Podest aus über sein Verhalten auslassen, wird Ihnen diese Qualität völlig entgehen.

Rümpeln Sie Ihren Verstand nicht mit sinnlosen Giftpfeilen voll. Stattdessen stimmen Sie sich lieber auf die höchstmöglichen Aspekte von allen Menschen ein, die Ihnen begegnen, und Sie werden verblüfft sein, wie sie sich Ihnen im Gegenzug von ihrer besten Seite zeigen.

Hören Sie auf zu tratschen

Hören Sie auf, sich dauernd am Tratsch über andere hochzuziehen. Klatsch und Tratsch sind Gerümpel in Ihrer Seele und zeigen bloß, wie wenig Nennenswertes in Ihrem eigenen Leben passiert. Leben und leben lassen. Weigern Sie sich, Gerüchte oder Skandale herumzuposaunen oder sich auch nur anzuhören. Es ist eine Frage der Integrität, niemals etwas über jemanden zu sagen, was Sie ihm nicht auch direkt ins Gesicht sagen würden.

Hören Sie auf zu jammern und zu klagen

Jammern, klagen und allem und jedem anderen die Schuld an dem zu geben, was in Ihrem Leben geschieht, stopft Ihre Sprache und Gedanken auf eine Weise voll, dass die meisten Leute nicht einmal mehr in Ihrer Nähe sein möchten. Denken Sie an Dinge, für die Sie dankbar sind, und die Götter werden Sie mit mehr Schönem überhäufen. Jammern und meckern Sie weiter, und Sie sind allein.

Stoppen Sie das mentale Geplapper

Psychologen schätzen, dass der durchschnittliche Mensch ungefähr 60 000 Gedanken pro Tag hat. Leider sind 95 Prozent davon exakt dieselben Gedanken, die er gestern schon hatte. Und die wiederum sind identisch mit denen von vorgestern. Das lässt sich praktisch unbegrenzt nach hinten fortsetzen. Mit anderen Worten: Die meisten

Ihrer mentalen Prozesse sind unproduktives, sich dauernd wiederholendes Geschnatter, das nirgendwo hinführt.

Ein weiteres Problem ist die ständige Berieselung mit äußeren Stimuli, die gerade im westlichen Lebensstil vorherrscht. So viele Leute haben ununterbrochen den Fernseher oder das Radio an, «zur Gesellschaft», oder sie verbringen ihre Zeit mit dem Lesen von Schundromanen, surfen ziellos durchs Internet und dergleichen mehr. Dann plötzlich, eines Tages, sind sie alt oder krank und ihnen wird klar, dass sie nichts aus ihrem Leben gemacht haben. All ihre Gedanken sind die anderer Leute, und sie haben keine Ahnung, wer sie eigentlich sind oder welcher Sinn ihr Leben haben könnte.

Wann haben Sie das letzte Mal einen wirklich neuen, vollkommen originellen Gedanken gehabt? Traurige Tatsache ist, dass viele Leute einfach Tag für Tag denselben ausgewalzten Mustern folgen und ihren Kopf mit oberflächlichem Alltagsgebrabbel füllen.

Machen Sie es sich zur Priorität, Klarheit in Ihrem Leben zu haben, und gewinnen Sie diese Klarheit jeden Tag noch deutlicher. Lernen Sie zu meditieren, sodass Sie den Zustand besonderer Stille kennenlernen, den die Meditation schafft. Bringen Sie das Geplapper zur Ruhe, und öffnen Sie sich höheren spirituellen Verbindungen, die Sie unmöglich erreichen können, solange Sie ein Meer von Lärm und Aufgeregtheit sind.

Verknüpfen Sie lose Enden

Gewöhnen Sie sich an, lose Enden direkt zu verknüpfen. Nehmen wir beispielsweise an, Sie unterhalten sich mit einem Freund, der eine nützliche Telefonnummer hat, die er Ihnen geben will. Er hat sie in seinem Verzeichnis, bietet Ihnen jedoch an, Sie morgen anzurufen und sie Ihnen durchzugeben. Es ist erstaunlich, wie oft Leute auf morgen verschieben, was sie ziemlich leicht heute tun können, und wie viel Energie verloren geht, weil man sich an solche losen Enden erinnern muss. Lassen Sie sich die Nummer gleich geben, dann haben Sie eine Sache weniger zu erledigen.

Nehmen Sie sich auch anderer unerledigter Sachen an, etwa Schulden bezahlen, Geliehenes zurückgeben, etwas erledigen, was Sie zu tun versprochen haben, und alles Sonstige, was als ständige Ermahnung in Ihrem Hinterkopf rumort. Jedes unerfüllte Versprechen oder jede Verpflichtung, der Sie nicht nachkommen, nimmt einen Teil Ihrer Energie in Anspruch und fordert von Ihnen, sich um sie zu kümmern. Wenn Sie wissen, dass Sie Ihr Versprechen nicht halten können, ist es weit besser, die betreffende Person umgehend anzurufen und es ihr zu sagen, als die Sache einfach treiben zu lassen.

Ich habe in meinem Leben eine interessante Erfahrung gemacht, seit ich die Wendung «Ich sollte eigentlich ...» aus meinem Wortschatz gestrichen habe. Angenommen, ich habe einer Freundin versprochen, am Donnerstagabend mit ihr ins Kino zu gehen und einen Film anzuschauen, den wir beide sehen wollen. Je näher der Donnerstag rückt, umso weniger ist mir danach, an dem Abend auszugehen. Nun kann ich zweierlei tun: Ich kann mein Versprechen halten und hingehen, weil ich gesagt habe, dass ich es tue, und deshalb «eigentlich sollte», oder ich kann meine Freundin anrufen und die Verabredung absagen oder verschieben. Ich habe festgestellt, dass in 90 Prozent der Fälle, in denen ich abgesagt oder verschoben habe, die jeweils anderen es auch am liebsten getan hätten, mich aber nicht enttäuschen wollten. Folglich kam mein Anruf uns beiden entgegen. In den übrigen 10 Prozent der Fälle waren die Betreffenden ein bisschen sauer oder eingeschnappt; aber wenn sie ehrlich zu sich selbst sind, bin ich es im Grunde gar nicht gewesen, über die sie sich ärgerten. Das Problem war vielmehr ihre eigene Inflexibilität, oder ich habe eine Erinnerung an eine weit größere Enttäuschung ausgelöst. Im nächsten Kapitel lesen Sie mehr über Verärgerungen.

Entrümpeln Sie Ihre Kommunikation

Mit wie vielen Leuten haben Sie ungelöste Konflikte? Denken Sie einen Moment nach. Stellen Sie sich vor, Sie wären auf einer Party oder bei einem sonstigen gesellschaftlichen Ereignis. Bei wem würden Sie sich sofort unwohl fühlen, wenn er oder sie den Raum betritt? Wer würde Ihnen das Gefühl geben, der Raum wäre nicht groß genug für Sie beide, weil starke Spannungen zwischen Ihnen herrschen? Vielleicht erinnern Sie sich nicht einmal bewusst an diese Leute. Sie könnten sogar aktiv versucht haben, sie aus Ihren Gedanken zu verbannen. Aber Ihr gutes altes Unterbewusstsein hat sie natürlich auf dem Zettel. Ungelöste Kommunikation in Ihrem Leben drückt Ihren Energiepegel immens nach unten.

Gerade wenn Sie mit jemandem zusammen schlafen, müssen Sie dafür sorgen, dass die Kommunikation klar ist. Sonst haben Sie Nacht für Nacht psychische Schlachten auszufechten und fühlen sich beim Aufwachen gerädert und erschöpft.

Bleiben Sie auf dem Laufenden

Wenn alles in Ihrem Leben auf dem Laufenden ist, leben Sie in der Gegenwart und können das wunderbare Gefühl erleben, auf der Energiewelle des Lebens zu surfen. Tun Sie alles, was nötig ist, um auf Ihren aktuellen Stand zu kommen, und schauen Sie darauf, dass es dabei bleibt. Sie werden mehr Energie haben, als Sie je für möglich hielten. Kinder sind so. Sie leben im Moment, und wir alle wissen, welche Vitalität sie besitzen!

Ehrgeizige Forscher an der UC Berkeley School of Information haben einen Bericht über die Menge der Informationen, die es in der Welt gibt, zusammengestellt. Sie nennen es ein lebendes Dokument, das sie mit der erklärten Absicht anlegten, es ständig «anhand von Kommentaren, Korrekturen und Vorschlägen» zu aktualisieren.

Also, wie viele Informationen gibt es? Ich schreibe dies im Jahr 2008, und der jüngste verfügbare Bericht stammt aus 2003. Er bezieht sich auf die Informationen, die 2002 gesammelt wurden. Die Maßeinheiten selbst sind schon Ehrfurcht einflößend. Wir reden hier nicht über bescheidene Kilobytes (KB), bedeutende Megabytes (MB) oder eindrucksvolle Gigabytes (GB) – ein Gigabyte entspricht in etwa der Anzahl informationsreicher Bücher, die einen Pick-up füllen würden. Wir reden nicht einmal über Terabytes (TB) – ein Terabyte sind ungefähr 50 000 Bäume, die zu Papier verarbeitet und bedruckt wurden. Auch nicht über Petabytes (PB); 200 PB umfassen alles gedruckte Material auf der Erde. Nein, wir sprechen über Exabytes (EB), und selbst das ist nicht die höchste Maßeinheit – es gäbe da noch Zettabytes (ZB) und Yottabytes (YB), und bis dieses Buch erscheint, wird es wahrscheinlich eine neue Einheit wie Squiggabytes (SB?) geben. Vorerst jedoch werden die Informationsdaten in Exabytes gemessen, und nach Messung von allem, was in gedruckter, gefilmter, magnetischer oder optischer Speicherform geschaffen wurde, schlossen die Forscher, dass saftige 5 Exabytes an neuer Information in 2002 generiert wurden, was der doppelten Menge des Informationszuwachses im letzten Bericht von 1999 entspricht.

Überraschenderweise macht Papier lediglich 0,01 Prozent der Gesamtsumme aus. Die große Mehrheit (92 Prozent) ist auf magnetischen Medien gespeichert, vornehmlich Festplatten. Und diese Zahl schließt nicht das Internet mit ein, ebenso wenig wie die Menge an Informationen, die durch andere elektronische Kanäle wie

Telefon, SMS, Radio, Fernsehen, E-Mails, VOIP, P2P etc. fließt. Die macht für 2002 zusätzliche 18 Exabytes aus, von denen 98 Prozent in Form von Telefongesprächen zwischen jeweils zwei Teilnehmern ausgetauscht wurden. Das ist ein reichlich lauter Planet, auf dem wir leben! Das ganze World Wide Web hat, wie sich herausstellt, gerade mal winzige 170 Terabytes an Informationen generiert, von denen ich lachhafte 100 MB beigesteuert haben dürfte (denen ich stolz weitere lächerliche 700 MB mit der neuen Website hinzugefügt habe, die ich 2007 einrichtete).

Falls Sie mehr sprachlos machende Zahlen sehen wollen oder sich auf den neuesten Stand nach Veröffentlichung dieses Buches bringen wollen, gehen Sie zu www2.sims.berkeley.edu und schlagen Sie das *How Much Information?*-Projekt nach.

Was ich damit sagen will, ist, dass es VIELE Informationen auf der Welt gibt. Sie zu beschreiben, dürfte sich ungefähr so anhören wie das, was Douglas Adams in seine Einleitung zu «Per Anhalter durch die Galaxis» über den Weltraum schreibt: «Der Weltraum ist groß. Richtig groß. Man glaubt gar nicht, wie wahnsinnig, riesig, verblödend groß er ist.»

Neurowissenschaftler haben den Begriff «Infovore» geprägt, der den naturgegebenen menschlichen Appetit auf Informationen benennt. Sie haben nämlich festgestellt, dass das Lernen neuer Fakten dieselben Nervenbahnen aktiviert wie der Konsum von Drogen wie Heroin oder Morphium. Genau wie manche süchtig nach Internetpornographie, nach Online-Netzwerken, Wetten oder Glücksspielen sind, kann man auch süchtig nach dem «High» werden, das mit dem Informationensammeln einhergeht. Einige Infovore verbringen Stunden mit der Online-Suche nach Daten und Fakten, bis es beinahe einen Zwangscharakter annimmt.

Falls das Teil Ihres Lebensstils ist, fragen Sie sich, ob die Online-Recherche zum Ersatz für ein Leben aus erster Hand geworden ist. Leben Sie in Ihrer eigenen Welt, in der immer weniger echte Kommunikation mit anderen stattfindet? Und stellen Sie fest, dass ein

Großteil des Materials, das Sie sammeln, nicht unmittelbar nützlich ist, sondern eher «für alle Fälle»? Wenn ja, ist das ebenfalls eine Form von Gerümpel in Ihrem Leben, wie das greifbarere auch, das Leute aus demselben Grund aufbewahren. Dann brauchen Sie wahrscheinlich eine Therapie, in der Sie ergründen, was Ihre Sucht verursacht, und sollten daran arbeiten.

Entrümpeln Sie Ihren Geist, um ruhig zu schlafen

Führen Sie ein geschäftiges Leben und haben viel zu erledigen, fällt es Ihnen womöglich schwer, abzuschalten und sich zu entspannen. Vor allem wenn Sie schlafen wollen, schwirrt Ihnen jede Menge Kram durch den Kopf.

Hier ein guter Tipp: Legen Sie sich einen Notizblock und einen Stift neben Ihr Bett, und notieren Sie alles, was Sie noch tun und woran Sie sich erinnern müssen. Danach vergessen Sie alles und gehen schlafen. Wenn Sie in der Nacht aufwachen, weil Ihnen noch mehr einfällt, öffnen Sie ein Auge, notieren alles und schlafen weiter. Zuerst werden Sie eine kleine Taschenlampe neben dem Bett brauchen, aber mit der Zeit lernen Sie, auch im Dunkeln und mit geschlossenen Augen zu schreiben. Nach einer Weile kriegen Sie den Dreh raus, alles auf einmal zu notieren und die Nacht durchzuschlafen – ungestört von Gedanken und Sorgen.

Je stärker Sie eingespannt sind, umso wichtiger ist es, vollkommen zu entspannen und die Ruhezeiten während der Nacht zum Kraftschöpfen zu nutzen. Eignen Sie sich zum Beispiel die «Nachttechniken» an, die Samuel Sagan in seinem Buch «Tor zu Inneren Welten. Übungsbuch zur Öffnung des dritten Auges» beschreibt. Mit denen lernt Ihr höherer Körper, sich von Ihren physischen und ätherischen Körpern zu trennen, was Ihnen den besten Schlaf von allen beschert. Das Buch erhalten Sie auch als Gratis-Download in Englisch bei www.clairvision.org, und sehen Sie auf meiner Website www.spaceclearing.com nach den neuesten Audio-Aufzeichnungen zu den Techniken.

21 Die Gefühle entrümpeln

Die meisten Menschen schleppen irgendwelchen Gefühlsballast mit sich herum. Der lässt uns vorzeitig altern (ich sah zehn Jahre jünger aus, nachdem ich ein Jahr lang intensiv an mir gearbeitet und einiges von meinem Ballast losgeworden war), und er stellt sich allem in den Weg, was wir machen wollen.

Verärgerung und Kummer

Wenn Sie sich über etwas ärgern, ist das einer der besten Momente, um ein bisschen zu entrümpeln. Sparen Sie sich die Mühe, sich vorher zusammennehmen zu wollen. Gehen Sie einfach heulend zum Schrank, gegebenenfalls auch hemmungslos herumbrüllend, reißen Sie alles heraus und fangen Sie an zu sortieren. Sie werden staunen, wie leicht Ihnen das Gerümpelsortieren in dieser Gemütsverfassung fällt. Sie sehen sich Sachen an, die Sie seit Jahren horten, und auf einmal sind die alle unwichtig und völlig überflüssig. Es regt sich nichts in Ihnen, wenn Sie sie in die Mülltonne schleudern. Wundern werden Sie sich auch, wie sehr Sie das Ausmisten beruhigt und Ihnen eine neue Sicht auf das gibt, was Sie ärgert oder traurig macht. Gerümpel loszulassen erlaubt Ihnen gleichzeitig, Ihre festgefahrenen Gefühle gehen zu lassen.

Einer meiner Lehrer fragte immer, wenn jemand verärgert oder traurig war: «Wird das in zehn Jahren noch wichtig sein?» Mit dieser Frage lernen wir, das Problem aus der Zukunftsperspektive zu betrachten, und gewöhnlich lautet unsere Antwort «Nein».

Das kann man von dem meisten Gerümpel sagen. «Werde ich in den nächsten zehn Jahren Verwendung dafür finden?» Beim Gros der Sachen, an denen Sie schon lange festhalten, wird die Antwort gleichfalls «Nein» sein.

Groll

Eine der schlimmsten Formen emotionalen Gerümpels ist die Art, die aus Groll entsteht. Schauen Sie tief in sich hinein und sehen Sie nach, wem oder was Sie vergeben müssen.

Manchmal geschieht es, dass Leute so gefangen in ihrer Verbitterung sind, dass sie nicht einmal mehr miteinander sprechen. Ich habe schon Familien und Paare erlebt, bei denen das Schweigen über Tage, Wochen, Monate, Jahre, sogar Jahrzehnte andauerte. Manche Leute nehmen ihre verletzten Gefühle schließlich mit ins Grab, und man kann ziemlich sicher sein, dass sie es waren, die sie letztlich umbrachten.

Bisweilen eskalieren aufgestaute Gefühle im Streit zwischen ganzen Familien, Gruppen oder Nationen, was zu Krebsgeschwüren im emotionalen Gewebe der Gesellschaft führt. Dann versuchen alle, die Situation mittels physischer Gewalt zu lösen, bis einer der Protagonisten in die Knie gezwungen ist oder eine dritte, stärkere Partei sich einmischt («diplomatische Intervention»), um beide zur Vernunft zu bringen. Diplomatie lässt sich als die Kunst der Harmonisierung aufgestauter emotionaler Energien definieren.

Falls Sie der still schmollende Typ sind, müssen Sie begreifen, dass Sie womöglich den anderen verletzen, was Sie ja auch beabsichtigen, sich selbst allerdings noch viel mehr. Lernen Sie, besser mit Ihren Problemen umzugehen. Vergeben und vergessen. Lassen Sie Ihren Groll los, und stürzen Sie sich ins Leben.

Sortieren Sie Ihre anstrengenden Freunde aus!

Kennen Sie Menschen, mit denen zu reden sich immer anstrengend gestaltet oder die Sie geradezu aussaugen, wenn Sie mit ihnen zusammen sind? Stöhnen Sie, wenn Sie wissen, dass Soundso anruft und mit Ihnen reden will? Ich spreche hier nicht über gute Freunde, die gerade eine harte Zeit durchmachen oder eine schlechte Woche erwischt haben. Nein, ich meine negative Leute, die deutlich ihr «Haltbarkeitsdatum» überschritten haben und die Sie gern los wären, nur fehlt Ihnen der Mut oder Sie sind noch nicht dazu gekommen, etwas zu unternehmen.

Ich habe die faszinierende Entdeckung gemacht, dass fast jeder ein paar solcher unerwünschter «Freunde» besitzt. Einmal verbrachte ich eine ganze Dinnerparty damit, mir die Geschichte einer «mörderisch anstrengenden Freundin» anzuhören, die Jahr für Jahr uneingeladen auftauchte und sich den Leuten aufdrängte. Aus unerfindlichen Gründen fühlten die Gastgeber sich außerstande, ihr zu erklären, wie wenig willkommen sie war. Also ertrugen sie Jahr um Jahr ihre entsetzlichen Kochkünste und ihr anmaßendes Verhalten, um sich hinterher bei jedem über sie zu beklagen, den sie kannten.

Nehmen Sie sich eine Minute Zeit, und machen Sie eine Liste aller Menschen, die Sie kennen und eigentlich lieber nicht mehr kennen möchten. Ich warte solange …

Jetzt wird's interessant: Wenn Sie so eine kleine Liste haben und jeder andere auch, AUF WESSEN LISTE STEHEN SIE DANN? Tja, das gibt Ihnen zu denken, nicht wahr? Wäre es nicht am besten, wenn wir alle einfach ehrlich zueinander wären und mit den blöden Spielchen aufhörten?

Es gibt Milliarden Menschen auf der Welt, und Sie dürfen frei wählen, mit wem Sie zu tun haben möchten. Suchen Sie sich verwandte Seelen aus, deren Nähe für Sie erhebend und inspirierend ist. Das Wundervolle daran ist, wenn Sie die Courage aufbringen, alle Ihre angeschimmelten alten Freunde loszuwerden, dass Sie dann Raum haben, schöne neue, vitale Beziehungen anzuziehen – vorausgesetzt, Sie haben neue Entscheidungen gefällt, was Sie in Ihrem Leben wollen und was nicht. Letztlich werden Sie feststellen, dass keine spinnerten Leute, Energievampire oder negative Personen mehr in Ihrem Leben sind, weil Ihr Energiefeld mit deren inkompatibel ist. Die anderen wissen instinktiv, dass die Chance, sich bei Ihnen mal eben gratis mit Energie vollzutanken gleich null ist, also versuchen sie es gar nicht erst.

Beziehungen hinter sich lassen

Manchmal erkennen Sie, dass nicht bloß ein Bekannter zu einer Altlast geworden ist, sondern die Person, die Sie für Ihre bessere Hälfte hielten. Das kommt vor, wenn Ihrer beider Leben unterschiedliche Richtungen eingeschlagen hat oder aber Sie von Anfang an nicht zusammenpassten. Die Wahrheit ist, dass Sie beide zum Gerümpel im Leben des anderen geworden sind, auch wenn es manchmal nur einer von Ihnen begreift.

Nun haben Sie die Wahl: nichts zu tun und darauf zu warten, bis die Beziehung von allein zerbröckelt oder mit einem Knall auseinanderbricht; oder die Courage zum Handeln aufzubringen, indem Sie die Beziehung entweder neu beleben oder gehen. Falls Sie sich immer noch gegenseitig lieben, respektieren und gut füreinander sind, haben Sie eine reelle Chance, die Beziehung fortzuführen, wenn auch in anderer Form. Dann sollten Sie ihr aber auch jede Chance geben. Falls nicht, wird Ihr Herz wissen, dass es Zeit ist weiterzuziehen.

In vielen Fällen ist es tatsächlich Zeit zu gehen, und Sie tun sich und Ihrem Partner ganz und gar keinen Gefallen, indem Sie es zu lange aufschieben und den Schmerz verlängern. So beängstigend es scheinen mag, wenn es für Sie das Richtige ist, werden Sie bemerken, dass neben aller Angst auch eine gewisse Erregung da ist. Die rührt von Ihrem höheren Ich, denn es freut sich über all die neuen Möglichkeiten, die sich nun für Sie eröffnen.

Die emotionale Rüstung loslassen

Falls Ihr Zuhause sehr vollgerümpelt ist, haben Sie vielleicht auch das Bedürfnis, große Mengen Schmuck zu tragen, möglicherweise in dem Maße, dass Sie sich ohne halb nackt fühlen. Wie Hausgerümpel ist auch Schmuck in Überfülle eine Form von emotionaler Rüstung. Nachdem Sie Ihr Haus entrümpelt haben, werden Sie ganz natürlich dazu tendieren, Ihren Schmuck ebenfalls zu reduzieren, weil Sie sich sicherer und in der Lage fühlen, Ihr natürliches Ich erstrahlen zu lassen.

22 Spirituelles Entrümpeln

Eigentlich handelt schon das ganze Buch davon. Es geht um den Prozess, alles Gerümpel abzuschaffen, das unsere Visionen verstellt, uns verwirrt oder in die Irre führt und uns auf unserem Weg behindert.

Diese besondere Zeit

Wir haben Glück, in einer Epoche zu leben, von der die Mehrheit der spirituellen Lehrer sagt, es sei die wichtigste Zeit in der spirituellen Entwicklung der Menschheit. Früher wurde alles tiefe Wissen der Welt nur von wenigen bewahrt. Ist Ihnen klar, dass Sie heutzutage einen Wochenendworkshop machen und die Grundlagen dessen lernen können, was in früheren Jahrhunderten ergeben in jahrelanger Lehre bei einem Meister erworben werden musste? Natürlich nicht in derselben Tiefe, aber Tatsache ist, dass nun alle Türen offenstehen und viel von dem Wissen und den Fähigkeiten verfügbar sind.

Sich an Dinge zu klammern, die uns in der Vergangenheit festhalten, ist daher vollkommen kontraproduktiv. Wenn Sie darüber nachdenken, wie oft Sie sich wahrscheinlich schon inkarniert haben, um heute hier zu sein, wird Ihr ewiger Geist zweifellos darauf brennen, in der Gegenwart zu leben, bereit und imstande, sich dem zu stellen, was jetzt geschieht.

Der Rückruf

Auf Bali gibt es eine besondere Zeremonie, die «Der Ruf» heißt. Sie basiert auf dem Gedanken, dass auf dem Lebensweg eines Menschen Teile seiner selbst wegbrechen und sich abtrennen. Passiert das zu oft oder, wie bei einem plötzlichen traumatischen Erlebnis, zu schnell, kann es den Geist der Person lebensbedrohlich schwächen. Wurde jemand beispielsweise bei einem Autounfall verletzt, gehört es zum Heilungsprozess, dass er mit einem Priester an den Unfallort zurückgeht, um die Stelle zeremoniell zu reinigen und den Teil seines Geistes zu rufen, den er dort verloren hat, damit er wieder zu ihm zurückkommt.

Ein ähnlicher Rückrufprozess spielt sich ab, wenn Sie das Gerümpel aus Ihrem Leben schaffen. Während Sie die Dinge loslassen, die Sie nicht mehr mögen oder brauchen, rufen Sie jene Teile Ihres Geistes zu sich selbst zurück, die an den Sachen hingen und an den emotionalen Bedürfnissen und Erinnerungen, die mit ihnen verbunden waren. Auf die Weise bringen Sie sich selbst gestärkt in die Gegenwart. Ihre Energie wird konzentrierter, statt sich unproduktiv in tausend verschiedene Richtungen zu zerstreuen. Sie fühlen sich spirituell vollständiger und mehr eins mit sich selbst. Und alles nach einem simplen Entrümpeln. Erstaunlich, was?

Gerümpelfrei leben

Der höhere Sinn des Entrümpelns liegt darin, uns zu helfen, jenen Unrat wegzuschaffen, der uns die Verbindung zu den höheren spirituellen Sphären verstellt, aus denen wir kommen und in die wir zurückkehren werden. Hier unten verlieren wir allzu leicht den größeren Zusammenhang aus dem Blick, tauchen ganz in das Materielle ein und glauben schließlich, diese Welt wäre alles, was es gibt. Dabei ist das Hiersein nur ein kurzes Zwischenspiel auf der spirituellen Reise, die jeder von uns macht.

Entrümpeln in all seinen Formen stellt wieder Klarheit und Einfachheit her. Wenn Sie um sich herum nur die Dinge behalten, die Sie für Ihre persönliche Reise brauchen, statt sich mit solchen zu belasten, die Ihnen den Weg versperren und Sie behindern, wird es sehr viel leichter, die Verbindung zu Ihrem spirituellen Weg zu knüpfen. Und wenn Sie das Gefühl von Frieden und Sinn erreicht haben, das daraus entsteht, wird es dafür sorgen, dass Sie nie wieder das Bedürfnis verspüren, Gerümpel zu horten.

Schicken Sie mir Ihre Entrümpelungsgeschichten

Für viele eingefleischte Kramhorter sind es die Erfolgsgeschichten von Ex-Kramhortern, die sie motivieren, loszulegen und auszumisten.

Auf meiner Website habe ich eine ganze Unterseite eigens für Leserbriefe eingerichtet. Dort finden Sie eine Auswahl der anregendsten Geschichten, die mir im Laufe der Jahre geschickt wurden. Gehen Sie zu www.spaceclearing.com, und klicken Sie auf den Link «Reader's Letters».

Falls Ihnen das Buch gefallen hat und Sie eine Entrümpelungsgeschichte haben, die Sie gern mitteilen möchten, schicken Sie sie per E-Mail an clutter@spaceclearing.com – und vergessen Sie nicht, mir die Erlaubnis zu geben, sie zu veröffentlichen.

Karen Kingston

Anhang

Wie Sie Karen Kingston erreichen

Karen Kingstons Website

Karen Kingston unterhält eine lebendige Website, die regelmäßig aktualisiert wird. Dort finden sich Artikel übers Space Clearing und Entrümpeln, Informationen über Produkte, Workshops und Ausbildungskurse, Karens beliebter Blog und vieles mehr.

E-Mail: info@spaceclearing.com
Website: www.spaceclearing.com

Karen Kingstons Büros und Online-Versand

Großbritannien: Ukoffice@spaceclearing.com
USA: Usoffice@spaceclearing.com
Australien und Asien: AUSoffice@spaceclearing.com
Bali: BaliOffice@spaceclearing.com

Karen Kingstons Hotel und Tagungszentrum auf Bali

Dancing Dragon Cottages, Amed, East Bali
Tel./Fax: +62 363 2351
E-Mail: info@dancingdragoncottages.com
Website: www.dancingdragoncottages.com

Adressen für Space Clearing und Entrümpeln

Fachleute finden

Auf der Website www.spaceclearing.com findet sich ein internationales Verzeichnis aller eingetragenen Fachleute fürs Space Clearing und Entrümpeln. Die dort aufgelisteten Fachleute sind von Karen Kingston persönlich geschult worden und nehmen weiterhin an Kursen bei ihr teil, um ihr Wissen und ihre Fähigkeiten zu erhalten und zu erweitern. Sollte niemand auf der Liste in Ihrer Nähe sein, schicken Sie eine Mail an info@spaceclearing.com und fragen Sie nach einem Fachmann, der bereit ist, zu Ihnen zu reisen. Das lässt sich meist arrangieren.

Workshops

Karen und ihre autorisierten Lehrer geben weltweit Kurse im Space Clearing und Entrümpeln. Tragen Sie sich auf der Mailing-Liste der Website ein, dann erhalten Sie automatisch die neuesten Nachrichten und Termine.

Professionelle Ausbildung

Weltweit gibt es viele professionelle Organisatoren, die Menschen helfen, ihr Leben besser zu ordnen. Karen bildet die Leute nicht darin aus. Vielmehr arbeiten ihre Fachleute auf einer sehr viel tiefergehenden Ebene. Sie nutzen hochentwickelte Fertigkeiten, um energetische Einprägungen in den Dingen aufzuspüren, sodass sie den Grund erkennen, warum sie sich irgendwo anhäufen und zu Gerümpel werden. Das Entrümpeln auf der Grundlage des Feng Shui ist Teil der Ausbildung zum Space-Clearing-Fachmann und erfordert viele Jahre persönlicher Vorbereitungsarbeit, um die nötigen Körperstrukturen zu entwickeln. Informationen über die Ausbildung finden sich auf Karens Website www.spaceclearing.com.

Space-Clearing-Produkte

Das ganze Programm der Balinese-Space-Clearing-Produkte kann über Karens Online-Versand bei www.spaceclearing.com bestellt werden, einschließlich hochwertiger balinesischer Glocken, Harmoniekugeln, Altartücher, Kolorierer und mehr.

Darmreinigungskräuter

Empfohlener Lieferant für Dr. Christopher-Kräuterdarmreinigungsprodukte:
Specialist Herbal Supplies

Portslade Hall, 18 Station Road, Portslade, BN41 1GB, England
Tel.: +44 1273 424 333
E-Mail: sales@shs100.com
Website: www.shs100.com

Hier bekommen Sie qualitativ hochwertige Kräuter, die Ihnen mitsamt allen Informationen zur Darmreinigung geschickt werden. Vernünftige Preise, Online-Bestellung und sehr schnelle internationale Lieferung.

Bibliographie und Lesetipps

Weitere Bücher von Karen Kingston

Heilige Orte erschaffen mit Feng Shui, Integral, 2003. Alles über aktualisierte Versionen unter www.spaceclearing.com

Feng Shui gegen das Gerümpel des Alltags, Audio CD, Der Audio Verlag, 2007

Darmreinigung und Gesundheit

Richard Anderson, Cleanse and Purify Thyself, Christobe Publishing, 2007

William Dufty, Zucker Blues, Zweitausendeins, 1996

Robert Gray, Das Darm-Heilungsbuch, Droemer Knaur, 2000

Dr. Bernard Jensen, Dr. Jensen's Guide to Better Bowel Care: A Complete Program for Tissue Cleansing through Bowel Management, Avery Publishing Group, 1998

Sydney Ross Singer und Soma Grismaijer, Dressed to Kill: The Link Between Breast Cancer and Bras, Avery Publishing Group, 1995

Heilung und Metaphysik

John Diamond, Die heilende Kraft der Emotionen, VAK Verlags GmbH, 10. Auflage 2008

Louise Hay, Heile deinen Körper, Lüchow, 2007

Zwangsstörungen

Raeann Dumont, The Sky is Falling: Understanding and Coping with Phobias, Panic, and Obsessive-Compulsive Disorders, Kapitel 12: Mr More, The Man Who Couldn't Throw Anything Away, WW Norton & Company, 1997

Philosophie

Howard Bloom, The Lucifer Principle, The Atlantic Monthly Press, 1995

Benjamin Hoff, Tao Te Puh: Das Buch vom Tao und von Puh dem Bären, Synthesis, 12. Aufl., 2002

Aufschieben

Brian Tracy, Eat that frog: 21 Wege, um sein Zaudern zu überwinden und in weniger Zeit mehr zu erledigen, Gabal, 5. Aufl., 2002. Im Original auch als E-Book unter www.briantracy.com

Spirituelles Wissen

Dr. Samuel Sagan, Tor zu inneren Welten. Übungsbuch zur Öffnung des dritten Auges, Schirner, 2004

Dr. Samuel Sagan, Knowledge Track: Death, the Great Journey, Clairvision School, 2001. Online erhältlich unter www.clairvision.org.

Zitate

Douglas Adams, Per Anhalter durch die Galaxis, Heyne, 2008

Bill Adler, The Uncommon Wisdom of Oprah Winfrey: A Portrait In Her Own Words, Aurum Press, 1997

Seth Godin, Don't Shave That Yak!, Seth Godins Blog, 5. März 2005 http://sethgodin.typepad.com/seths_blog/2005/03/dont_shave_that.html

Stuart Wilde, Grenzenloses Selbst, Schirner, 2007

(Alle Zitate frei aus dem Amerikanischen.)